Als Amy Sutherland bei Recherchen zu einem Buch Tiertrainer beobachtete, die mit Delphinen, Löwen und Killerwalen arbeiteten, war sie so beeindruckt von deren Arbeit, dass sie ihre Techniken selbst an einem exotischen Tier ausprobieren wollte: ihrem Ehemann Scott. Denn wie alle Frauen wissen, bringt Nörgeln einen häufig nicht weiter. Viel effektiver ist es dagegen, so merkte Amy, unerwünschtes Verhalten zu ignorieren und erwünschtes Verhalten zu belohnen. Anhand zahlreicher Anekdoten aus dem Tier- und Eheleben zeigt die Autorin auf höchst charmante Weise, wie wir das Verhalten der Menschen, insbesondere der Männer, in unserem Umfeld subtil beeinflussen können.

Amy Sutherland ist Journalistin und freie Autorin. Ihre Artikel erscheinen unter anderem in der *New York Times*, *Los Angeles Times* und *The Boston Globe*. Sie lebt mit ihrem Mann Scott in Boston und Portland, Maine.

Amy Sutherland

DIE MÄNNER-BÄNDIGERIN

Wie ich meinem Mann das Zuhören beibrachte und andere Kunststücke

Deutsch von
Astrid Finke

Rowohlt Taschenbuch Verlag

Die Originalausgabe erschien 2008 unter dem Titel
What Shamu Taught Me About Life, Love, and Marriage
bei Random House, Inc., New York.

Deutsche Erstausgabe
Veröffentlicht im Rowohlt Taschenbuch Verlag,
Reinbek bei Hamburg, Januar 2009
Copyright © der deutschen Ausgabe 2009 by Rowohlt Verlag
GmbH, Reinbek bei Hamburg
Copyright © 2008 by Amy Sutherland
Umschlaggestaltung ZERO Werbeagentur, München
(Illustration: FinePic München, Jana Bischoff)
Satz aus der Janson PostScript, InDesign,
bei Pinkuin Satz und Datentechnik, Berlin
Druck und Bindung Druckerei C. H. Beck, Nördlingen
Printed in Germany
ISBN 978 3 499 62434 6

*Für die Tiere –
besonders für das menschliche Tier,
das ich geheiratet habe, Scott*

Inhalt

Einleitung 9
EINS Menschen sind auch Tiere 15
ZWEI Jede Interaktion ist Training 28
DREI Das Zen des Tiertrainings 46
VIER Die Eigenarten der Arten 65
FÜNF Wie ich mir das Nörgeln abgewöhnte 83
SECHS Das Prinzip positive Verstärkung 111
SIEBEN Schritt für Schritt 136
ACHT LRS oder das Pokerface 154
NEUN Freude an unvereinbarem Verhalten 172
ZEHN Große Katzen 184
EPILOG Das Leben danach 199
Danksagung 212
Glossar 215

Einleitung

Während ich an diesem Sommermorgen an meinem Schreibtisch in Maine sitze, höre ich meinen betagten Nachbarn seine Einfahrt herunterzockeln und sich dabei mit übertriebenem Überschwang räuspern. Ein Nebelhorn klagt. Eine Autotür wird zugeschlagen. Diese gewöhnlichen Dinge nehme ich kaum wahr, denn mein Blick ist auf das Außergewöhnliche gerichtet, einen anmutigen Unterwassertanz am anderen Ende des Kontinents. Eine schwarze Gestalt, ein Schwimmer im Neoprenanzug – ob Mann oder Frau kann ich nicht erkennen –, planscht in der Mitte eines tiefen Beckens. Hinter dem Schwimmer gleitet ein Schwertwal durch das Bassin. Seine Rückenflosse steht aufrecht wie ein Segel. Die markante schwarz-weiße Zeichnung spiegelt sich in der darüberliegenden Wasseroberfläche.

Dank einer in der Seitenwand installierten Webcam kann ich das schillernde Showbecken von SeaWorld in San Diego sehen. Das heißt, ich kann die sechsundzwanzig Millionen Liter Wasser von der Oberfläche abwärts bis zum Grund beobachten, ein völlig anderer Blickwinkel, als ihn jeder im Augenblick im Shamu-Stadion Anwesende hat – ich nenne es die Krebsperspektive. Das hier ist eine sehr blaue Welt. Das kalte Wasser hat die Farbe von Lapislazuli, doch die Schattierung wird zunächst heller und dann intensiver, während die Sonne ihren Bogen darüber beschreibt. Die Felsen am Grund des Beckens sind vom dunklen Indigo eines sternlosen Nachthimmels. Aquamarinfarbenes Licht flattert mit den Wellenbewegungen über den weißen Boden des Bassins.

Selbst der Schwertwal wirft einen blauen Schatten auf seinen Bahnen durchs Becken. Heute ist nur ein Orca im Wasser, aber ich habe schon zwei oder gar drei gesehen. Ich habe kleine Kälber gesehen. Ich habe beobachtet, wie sie sich den Rücken an den Felsen kratzen und Luftblasen in Ballongröße ausstoßen. Manche drehen ihre Runden gern auf dem Rücken, die Alabasterbäuche gen Himmel gewandt. Einer hat eine weiße Zeichnung in Form eines Ginkgoblatts. Wenn die Wale ganz nah vor die Kamera schwimmen und ihre Bäuche plötzlich den Bildschirm ausfüllen, dann kann ich mir ein Jauchzen nicht verkneifen. Dann heben meine Hunde die Köpfe und wenden mir ihre hellen, neugierigen Augen zu. Mein Mann ruft von unten an seinem Schreibtisch herauf: «Was?»

Das alles jedoch ist nichts im Vergleich dazu, wenn Trainer mit im Becken sind. Mit ihren kleinen, strampelnden Beinen und wedelnden Armen wirken sie wie Wasserwanzen neben den knapp viertausend Kilo schweren Tieren. Ich kann mich nicht vom Anblick dieser beiden absurd unterschiedlichen Geschöpfe losreißen, die dort Seite an Seite arbeiten. Also klebe ich weiterhin am Bildschirm, während der Wal seine massige Gestalt dem Schwimmer zuwendet und ihm die breite schwarze Schnauze unter die Füße stupst.

Ich gestehe es. Ich schiebe die Arbeit vor mir her. Eigentlich sollte ich an ebendiesem Buch schreiben. Aber der virtuelle Weitblick auf ein tonnenschweres Tier im Gleichklang mit einem daran gemessen winzig kleinen Menschen ist eine sehr passende Art des Trödelns. Er erinnert mich daran, wie sehr ich mich verändert habe.

Ich bin ein vollkommen anderer Mensch als vor drei Jahren. Meine Freunde und meine Familie haben es vielleicht nicht bemerkt, aber bisweilen erkenne ich mich beinahe selbst nicht wieder. Meine Lebenseinstellung ist optimistischer. Ich bin weniger voreingenommen. Ich verfüge über erheblich mehr Geduld und Selbstbeherrschung. Ich bin eine bessere Beobachterin geworden. Ich komme mit anderen Leuten viel besser zurecht, allen voran mit meinem Ehemann. Ich spüre eine innere Ruhe, die einem so viel tieferen Verständnis der Welt entspringt.

Was hat diese Veränderung bewirkt? Therapie? Nein. Antidepressiva? Nein. Yoga? O nein. Eine religiöse Erweckung? Schon wieder falsch. Akupunktur? Ganz bestimmt nicht.

Ich habe eine Schule für Trainer exotischer Tiere entdeckt und ein Buch darüber geschrieben. Das war es.

Das Komische daran ist, ich war gar nicht auf der Suche nach Veränderung. Aber die Veränderung hat schon immer von allein den Weg zu mir gefunden. Bereits in den Anfangstagen meines journalistischen Berufslebens musste ich lernen, dass, egal mit welchem Thema ich mich auch befasste – sei es Blaubeeranbau oder Avantgarde-Jazz –, es mir bis zu einem gewissen Grad unter die Haut ging. Als ich ein Buch über Kochwettbewerbe in Amerika schrieb, dauerte es nicht lange, bis ich mir selbst Rezepte ausdachte und einsandte. Durch die Arbeit an einer Serie über häusliche Gewalt bekam ich Albträume. Wenn ich so leicht zu beeinflussen war, so befand ich, dann sollte ich die düsteren Stoffe meiden. Kompliziert war in Ordnung, zutiefst verstörend nicht.

Für mein zweites Buch begleitete ich ein Jahr lang Schüler des Moorpark College nördlich von Los Angeles, die dort den Kurs *Exotic Animal Training and Management Program* absolvierten – das Harvard für Tiertrainer. Im Gepäck hatte ich nach dieser Zeit nicht nur eine kalifornische Sonnenbräune, eine neuerworbene Achtung vor Aasfressern und mehr als ausreichend Material für ein Buch, sondern auch etwas, mit dem ich nie gerechnet hätte – eine völlig neue Einstellung zum Leben.

Während der Arbeit an diesem Buch hielt ich Freunden, Verwandten, jedem, der dreißig Sekunden lang stillhielt, endlose Vorträge über die große Weisheit, die ich zu Füßen der Tiertrainer gefunden hatte. Die Freunde, die sich beim vorhergehenden Projekt mein Geplapper über das korrekte Würfeln von Fleisch für Wettbewerbsgulasch angehört hatten, nickten gutmütig und dachten sich vermutlich im Stillen: «Jetzt geht das wieder los.» Gelegentlich unterbrachen sie mich mit der Frage: «Wann hast du Abgabe?», in der Hoffnung, die Deadline sei nicht mehr fern und ich würde mich schon bald einem anderen Thema zuwenden.

Mein Mann, der wie ich Tiere liebt und selbst einige Kenntnisse über Training besitzt, war da schon weit aufgeschlossener und machte sich nicht mal über mich lustig, als ich begann, mit Begriffen wie «unvereinbares Verhalten» oder «verschobene Aggression» um mich zu werfen. Doch selbst er begriff anfangs nicht so recht, was ich im Schilde führte – nämlich die Techniken des Tiertrainings selbst anzuwenden, allerdings auf die Angehörigen meiner eigenen Spezies, und zwar ganz besonders auf meinen geschätzten Gatten.

Schließlich verfasste ich eine Kolumne für die *New York Times* darüber, wie ich meine Ehe verbessert hatte, indem ich mich in einen Tiertrainer hineinversetzte. Zu meiner Überraschung horchte die ganze Welt auf. Nachdem ich monatelang von meinen Freunden ignoriert worden war, wurde ich unvermittelt mit Interviewanfragen aus allen Winkeln der Erde bestürmt – Brasilien, Irland, Spanien, Kanada. Vier Reporter riefen mich allein aus Australien an. Mein Posteingang füllte sich mit Glückwunsch-E-Mails. Ich wurde in die morgendliche *Today Show* im Fernsehen eingeladen. Hollywood meldete sich. Meine Kolumne schob sich an die Spitze der Liste der am häufigsten gemailten Artikel der *Times*, wo sie tagelang, dann wochenlang blieb und letztendlich zur meistgemailten Story 2006 wurde. Als sich die Aufregung wieder legte, hatte ich einen Filmvertrag in der Tasche sowie den Auftrag, aus meiner *Times*-Kolumne ein Buch zu machen.

Niemals hätte ich geahnt, dass ich mal so ein Buch schreiben würde. Andererseits hätte ich auch niemals geahnt, dass Tiertraining mich so verwandeln würde. Ich bin weder Therapeutin noch Seelsorgerin noch Trainerin oder Expertin welcher Art auch immer. Ich bin Journalistin. Was ich anzubieten habe, ist meine eigene persönliche Geschichte. Wie eine Art Alice stolperte ich in ein Wunderland, in dem Geparden an der Leine laufen, Hyänen auf Kommando Pirouetten drehen und Paviane Skateboard fahren, um am Ende mit einem neuen Blick auf Ehe,

Männer, Menschen, das Leben wieder zurückzukehren. Vielleicht regen meine Erfahrungen Sie zum Nachdenken oder zum Lachen an, verabreichen eine leichte Dosis Philosophie oder zeigen Ihnen einen Weg, kleinere Probleme zu lösen, die keinen Besuch beim Psychiater wert sind, aber dennoch an einem nagen. Oder aber sie verändern Sie von Grund auf.

Die Welt ist voller Überraschungen. Und den Beweis dafür habe ich vor Augen.

Mit der Walschnauze unter seinen Füßen zieht der Trainer die Arme dicht an seinen Körper, während Shamu ihn durchs Wasser schiebt. Es ist ein magischer Anblick, ganz besonders, als das ungleiche Paar an der Webcam vorbeisaust. Der Kopf des Tiertrainers schneidet durchs Wasser und kommt zuerst ins Blickfeld. Jetzt sehe ich, dass es eine Frau ist. Ein blonder Pferdeschwanz flattert auf ihrem Rücken. Das Gesicht nach vorn gewandt sieht sie aus wie die Galionsfigur eines Schiffes. Aus ihren Mundwinkeln strömen kleine Luftblasen. Dann folgt ihr gerader, horizontaler Körper. Am Schluss sehe ich ihre Füße, die immer noch geschickt auf der Schnauze des gefährlichsten Raubtiers der Weltmeere balancieren. Shamus geschmeidiger, tonnenschwerer Körper füllt die Kameralinse aus und verschwindet dann. Obwohl ich die beiden nicht sehen kann, weiß ich, was sie jetzt tun. Wie Wassergötter schießen sie zum tosenden Applaus eines Publikums aus dem Becken, das genau wie ich an meinem Schreibtisch ungläubig bestaunt, was unmöglich scheint und es doch nicht ist.

EINS

Menschen sind auch Tiere

Während ich am Spülbecken stehe, tigert mein Mann gereizt hinter mir auf und ab. «Hast du meinen Schlüssel gesehen?», knurrt er. Dann stößt er ein lautes Schnauben aus und stapft aus dem Raum, unsere Hündin Dixie – bestürzt über die Verstimmung ihres Lieblingsmenschen – dicht auf den Fersen.

Früher hätte ich mich direkt hinter Dixie eingereiht. Ich hätte den Wasserhahn abgedreht und mich an der Suche beteiligt, wobei ich mich gleichzeitig bemüht hätte, Scott mit fröhlichen Platituden wie «Mach dir keine Sorgen, die tauchen schon wieder auf!» zu besänftigen. Manchmal steuerte ich auch ehefrauliche Tipps bei, wie man seinen Schlüssel erst gar nicht verliert. Oder, wenn ich unleidlich war, blaffte ich: «Jetzt beruhig dich mal.» Was ich auch tat, Scott wurde meistens nur noch wütender, und ein harmloser Fall von verschwundenen Schlüsseln verwandelte sich in null Komma nichts in ein ausgewachsenes, von Ängsten geschütteltes Drama, mit uns beiden und Dixie, unserem nervösen Australian Shepherd, in den Hauptrollen. Penny Jane, unsere unerschütterliche Border-Collie-Mischung, war als Einzige klug genug, sich aus der Vorstellung herauszuhalten.

Jetzt aber konzentriere ich mich auf den nassen Teller in

meinen Händen. Ich drehe mich nicht um. Ich sage kein Wort. Ich wende eine Technik an, die ich von einem Delphintrainer gelernt habe.

Ich liebe meinen Mann. Mit seiner hellen Haut und dem dicken kastanienbraunen Haar sieht er auf eine kantige, nordische Art gut aus. Er ist abenteuerlustig und kann irrsinnig komisch den Vermonter Akzent imitieren, worüber ich mich nach vierzehn Jahren Ehe immer noch kaputtlache. Wir haben viele gemeinsame Vorlieben: Hunde, Jazz, nicht ganz durchgebratene Hamburger, guten Bourbon, lange Spaziergänge, die Farbe Orange. Aber er kann mir auch auf die Nerven gehen. Er drückt sich hinter mir in der Küche herum, wenn ich mich auf die brutzelnden Pfannen zu konzentrieren versuche, und fragt mich, ob ich diesen oder jenen Artikel im *New Yorker* gelesen habe. Er isst Süßigkeiten auf, besonders die gehaltvollen Karamellkekse, die seine Mutter uns aus Minnesota schickt, und sagt dann: «Ich dachte, du wolltest nichts mehr.» Er lässt zerknüllte Taschentücher im Auto liegen. Er fährt über rote Ampeln und nennt sie «dunkelgelb». Er leidet unter schweren Anfällen von Ehegattentaubheit, hört mich aber garantiert, wenn ich am anderen Ende des Hauses vor mich hin murmle. «Was hast du gesagt?», ruft er dann. «Nichts», brülle ich zurück. «Was?», schreit er wieder.

Diese unbedeutenden Ärgernisse sind nicht der Stoff, aus dem Trennung und Scheidung sind, aber alles in allem trübten sie meine Liebe zu Scott. Manchmal betrachtete ich ihn und sah nicht mehr den schlanken Mann aus Minnesota, den ich vergötterte, sondern ein gebrauchte Taschentücher verteilendes, schwerhöriges, störrisches Krümelmonster. In solchen Momenten war er weniger mein geliebter Mann denn eine überlebensgroße Schmeißfliege, die mir auf die Pelle rückte, mir über die Nase huschte, in der köchelnden Soße landete, durch mein Leben summte.

Wie unzählige Ehefrauen vor mir missachtete ich also eine ganze Bibliothek voller Ratgeberbücher und machte mich daran, ihn zu bessern. Durch Nörgeln selbstverständlich, was üblicherweise genau den gegenteiligen Effekt hatte – seine Schuhe in Größe 45 stapelten sich weiterhin neben der Eingangstür, er ging immer seltener zum Friseur, unbeirrt stellte er leere Milchtüten in den Kühlschrank zurück. Ich probierte es mit heiteren Ratschlägen: «Dein Gesicht ist so attraktiv, warum es hinter all den Bartstoppeln verstecken?» Das hatte normalerweise eine ganze Reihe weiterer rasurloser Tage zur Folge. Oder ich startete diplomatische Versuche im Stil von: «Was hältst du davon, wenn wir beide keine schmutzigen Klamotten mehr herumliegen lassen?» «Okay», willigte mein Gatte liebenswürdig ein, woraufhin er ungerührt über den übelriechenden Haufen Fahrradmontur auf dem Schlafzimmerboden stieg.

Als moderne Frau probierte ich es auf die direkte Art und fragte ihn mit möglichst neutraler Roboterstimme: «Würdest du bitte nicht so schnell fahren?» Doch selbst dieser Versuch ging nach hinten los, denn mein Mann hörte aus dieser simplen Frage einen Vorwurf oder gar einen Befehl heraus und drückte das Gaspedal noch eine Spur fester durch. Wenn alles andere nicht half, wurde ich laut, und wir stritten uns.

Wir gingen zu einer Eheberaterin, um die Ecken und Kanten unseres Zusammenlebens glattzuhobeln. Die Psychologin, eine zierliche Frau mit spitzen Knochen, die sich auf einem Block Notizen machte, begriff nicht, was wir bei ihr wollten, und lobte wiederholt unsere gute Kommunikation. Ich warf das Handtuch. Vermutlich hatte sie recht, unsere Beziehung lief besser als die meisten. Also begnügte ich mich mit gelegentlichen sarkastischen Kommentaren und wachsendem Groll.

Und dann passierte etwas Magisches. Ich entdeckte das Tiertraining.

In die Welt des Tiertrainings stolperte ich vor fast zehn Jahren, als wir Dixie zu uns holten. Ein acht Wochen alter Hütehund, ein fünf Kilo schweres rotes, wuscheliges Energiebündel. Es war, als hätten wir in unserem Haus einen Feuerwerkskörper gezündet, so tobte sie von Zimmer zu Zimmer, diverses Spielzeug aus der Schnauze hängend. Ich gab das morgendliche Meditieren zugunsten meiner neuen Ganztagsbeschäftigung auf: den Hund müde zu machen. Es war mehr als ein Vollzeitjob. Noch bevor ich mich anzog oder Kaffee kochte, setzte ich mich im Schneidersitz auf den Fußboden, hielt ein Schaffellimitat in die Luft und rief: «Hol es dir.» Dann katapultierte sich Dixie auf das Fell und riss daran, die Bernsteinaugen hell leuchtend, und wir beide zogen, so fest wir nur konnten. Mit diesem Spiel verbrachten wir so viel Zeit, dass das Schaffell am Ende nur noch ein winziger, vollgesabberter Stofffetzen war.

Zum ersten Mal in meinem Leben lernte ich, einen Ball vernünftig zu werfen, und später sogar ein Frisbee. Ich schmiss so viele Bälle und Frisbees und wanderte so viel, dass ich eine Kleidergröße abnahm. Dixie zerrte, balgte oder rannte entweder, oder sie schlief tief und fest unter einem Tisch, wo wir sie nicht streicheln konnten. Falls wir es wagten, auf allen vieren zu gehen und unsere Hände nach ihr auszustrecken, hob sie unwillig wie ein aus dem Powerschlaf gerissener Spitzensportler den Kopf und schleppte sich genau so weit, dass wir sie nicht erreichen konnten. Schmusen war in Dixies Augen etwas für Schoßhündchen.

Obwohl ich glaube, dass wir eine leichte Enttäuschung für Dixie waren – so wie es das gemeine Volk für Leute von königlichem Geblüt sein kann –, waren wir immerhin klug genug zu erkennen, dass ein Hütehund eine Aufgabe braucht. Also suchten wir uns einen Agility-Kurs. Dort lernt man, wie man seinen Hund über einen drolligen Parcours aus Tunnels, Hindernissen und Wippen jagt. Damals fanden wir nur einen einzigen Hundetrainer in der Gegend von Portland, Maine, der dieses verrückte Fach unterrichtete. Bevor wir allerdings diesen Kurs in Angriff nehmen konnten, empfahl man uns dringend den Besuch einer Welpenschule.

Hätte sich diese Trainerin traditioneller Techniken bedient, mit der Leine geschnalzt und den Hund in diese und jene Richtung gedrängt, dann wäre das wohl das Ende der Geschichte gewesen. Doch ich hatte das Glück, dass die Trainerin progressive, positive Methoden anwendete, Methoden, die auf einer vollkommen anderen Philosophie beruhten. Anstatt uns beizubringen, unsere Welpen herumzukommandieren und zu folgsamen Hunden zu erziehen, lernten wir von ihr, mit ihnen zu kommunizieren und zu kooperieren. Sie zeigte uns nicht nur, wie wir unseren Tieren *Sitz* und *Platz* vermitteln, sondern vielmehr, wie wir unsere vierbeinigen Gefährten verstehen können.

Inmitten des fröhlichen Chaos der Welpenschule – dem Kläffen, den verwickelten Leinen, den kleinen Reibereien – stieß ich auf eine intellektuelle und persönliche Herausforderung, mit der ich nicht gerechnet hatte. Ich fand ein neues Ich, ein Ich mit viel mehr Geduld und Selbstbeherrschung. Ich lernte, präzise und aufmerksam zu sein. Ich lernte, Dixie beizubringen, was ich von ihr wollte, nicht, was ich *nicht* wollte. Ich lernte, nichts von dem, was sie anstellte, persönlich zu nehmen. Nicht einmal, als sie in einem Anfall von Aufgedrehtheit meine Shorts zerfetzte. All das durch sechs Wochen in einer Welpenschule.

Außerdem kommunizierte ich erstmals mit einer anderen Spezies, und das ist ein Nervenkitzel, den man keinesfalls unterschätzen darf. Also meldete ich Dixie und mich für den nächsten Kurs an. Ich war angefixt. So angefixt, dass ich am Pariser Set von *102 Dalmatiner*, wo ich durch einen Zeitschriftenauftrag gelandet war, jede freie Minute bei den Tiertrainern verbrachte und beispielsweise darüber plauderte, wie man einem Papagei beibringt, auf einem Bullmastiff zu reiten, und wie man dem Hund beibringt, sich nicht zu schütteln, wenn der Vogel ihn mit den Flügeln auf dem Rücken streift. Zu meiner Überraschung hatten die Trainer allesamt eine richtige Ausbildung in der Arbeit mit exotischen Tieren absolviert. Sie hatten nämlich ein Community College außerhalb von Los Angeles besucht. Das sei die ultimative Ausbildung in dem Bereich, so berichteten sie mir, mal ganz abgesehen davon, dass es die einzige dieser Art sei. Wieder zu Hause lehrte ich Dixie, die *New York Times* hereinzuholen, kritzelte mir den Namen der Schule darauf und warf das abgerissene Stückchen Papier in meinen Ideenordner.

2003 begann ich mit der Arbeit an dem Buch. Ein Jahr lang pendelte ich zwischen Maine und Kalifornien, wo ich die Teilnehmer des *Exotic Animal Training and Management Program* am Moorpark College durch ihren Alltag begleitete. Ich beobachtete, wie die Schüler das scheinbar Unmögliche schafften: Sie brachten einem Wüstenluchs bei, freiwillig die Pfoten zum Krallenschneiden auszustrecken, einem Kamel, Basketballkörbe zu werfen, einem Pavianweibchen, in eine Kiste zu steigen und die Klappe hinter sich zuzumachen. Jeder Tag im Lehrzoo war vollgepackt mit zahllosen Lektionen, vom korrekten Aufheben einer *Boa constrictor* bis hin zum Sprechen mit einem Wolf. Beim Beobachten der Schüler wurde ich praktisch selbst zur Schülerin. Ich lernte, den Primaten nicht in die Augen zu sehen, mit selbstbewusster Unbefangenheit neben einem Puma her zu spazieren und niemals zu dicht bei irgendeinem Gehege zu stehen, ganz besonders nicht denen der großen Fleischfresser. Ich lernte, dass Zulu, der Mandrill, mir durch sein Kopfnicken sagen wollte: «Abstand halten.» Dass Rosie, die Paviandame, mir durch das Schmatzen ihrer Lippen mitteilte: «Hallo Freundin.» Dass ein dumpfes Klopfgeräusch in der Brust Juliettas, des Emus, Besorgnis ausdrückt.

Außerdem lernte ich die Sprache der Tiertrainer. Was sie meinten, wenn sie von «A nach B» sprachen (einem Tier beizubringen, sich von einem Punkt zum anderen zu bewegen) oder von Target-Training (das Tier seine Schnauze an einen Gegenstand pressen zu lassen). Wenn jemand mir erzählte, er habe sich gerade mit dem Totenkopfäffchen geputzt, wusste ich, dass er ganz nah am Käfig gesessen, die Arme ausgestreckt und das Äffchen mit seinen schwarzen Fingern über seine Haut hatte streichen lassen. Ich lernte, was eine positive Zählung ist (sich zu vergewissern, dass die Tiere in ihrem Gehege sind) und dass B.E. für «*behavioral enrichment*» steht, das heißt «Verhaltensanreicherung» und bezieht sich im Prinzip auf alles, was das Leben des Tieres bereichert, sei es nun ein Spielzeug oder ein Auslauf an der Leine. Denn Training, so erfuhr ich, gehört zu den Dingen, die das Leben eines Tiers interessant machen. Man könnte demnach einem Tier sogar ein «A nach B» als Verhaltensanreicherung beibringen.

Ich saugte ihre Redewendungen auf, zum Beispiel «Zurück in den Kindergarten». Das bezeichnet in Kurzfassung den Rückschritt auf eine leichtere Stufe der Übung, wenn ein Tier Schwierigkeiten beim Erlernen eines Verhaltens zeigt. «Trainiere jedes Tier, als wäre es ein Schwertwal» bedeutete, mit jedem Tier so zu arbeiten, als könnte man es weder gewaltsam vom Fleck rühren noch es dominieren. «Es ist niemals die Schuld des Tieres» heißt mehr oder weniger genau das: Wenn ein Tier nicht die gewünschte Leistung zeigt, dann liegt es am Trainer. Einer meiner Lieblingssprüche war: «Alles, was einen Mund hat, beißt.» Den Satz notierte ich mir in Großbuchstaben, für meine Recherche, aber auch für mich selbst. Warum? Das wusste ich selbst nicht so genau. Es klang irgendwie philosophisch. Gleichzeitig war es auch albern, trotzdem aber auf eine simple Art so einleuchtend, eine komische Erinnerung daran, dass wir für Mutter Natur alle gleich sind. Ein niedliches, flauschiges Tierchen beißt einen ebenso schnell wie eins, was böse aussieht. Umgekehrt ist es dem Tier auch egal, ob man so engelsgleich wie Mutter Teresa oder so abscheulich wie Caligula ist. Charisma, Frömmigkeit und die besten Absichten spielen keine große Rolle im Tierreich.

So vieles von dem, was ich in dieser Schule lernte, hatte eine Bedeutung über ihre Tore hinaus. Dieser Ort, an dem sich die tiefe Kluft zwischen Mensch und Tier schließt, zog mich in seinen Bann wie kaum je etwas anderes. Jeder Besuch dort führte mir noch stärker vor Augen, wie kompliziert, eigenartig und phantastisch die Natur ist. Ich spürte, wie sich mein Geist weit öffnete, um alles aufzunehmen.

Ich folgte den Nachwuchstrainern in den Unterricht und danach aufs Zoogelände, wo sie mit einem Dachs, einem Löwen oder dem geheimnisvollen Marderbär übten, einem im tropischen Regenwald Südostasiens heimischen Tier, das man sich in etwa wie einen Waschbär auf Steroiden vorstellen muss. Ich beobachtete einen Schüler dabei, wie er einem Grünen Pavian beibrachte, sich die Hände eincremen zu lassen. Ein anderer lehrte einen Kapuzineraffen, seine lange Leine zu entwirren, wenn sie sich beim Spazierengehen verwickelte. Und wieder ein anderer ließ die bengalische Tigerdame auf Kommando in ihr Planschbecken steigen. Ich trabte auf Exkursionen hinterher und lauschte gebannt den Ausführungen professioneller Tiertrainer, wie sie Delphinen Saltos beibringen oder Ibissen, zu ihnen geflogen zu kommen. In einem Privatgehege in

Südkalifornien bestaunte ich im schwindenden Tageslicht sechs Elefanten, die sich auf Kommando in einer Reihe aufstellten, Wasser ließen, sich geschlossen nach links umdrehten, mit den Rüsseln an den Schwänzen festhielten und im Gänsemarsch zum Schlafen in ihre Scheune schritten. In Cincinnati sah ich einen angeleinten Geparden in aller Seelenruhe neben einer Trainerin auf dem Schreibtisch sitzen, während sie einem verzauberten Publikum einen Vortrag hielt. Bei einer Konferenz in Baltimore erklärten Trainer, wie sie gefleckte Adlerrochen darauf abgerichtet hatten, zu einem Futterautomaten zu schwimmen.

Wann genau es war, kann ich nicht mehr sagen; aber irgendwann kam mir die Idee, dass die Methoden, mit denen die Trainer bei gefleckten Adlerrochen, Pavianen und Delphinen solche Wunder wirkten, möglicherweise auch auf eine andere Spezies anwendbar wären – nämlich auf Menschen. Für mich war das kein großer Gedankensprung. Allein durch das Beobachten, durch das Nachdenken und Lesen über tierisches Verhalten hatte ich schon eine ganze Menge über meine eigene Spezies gelernt. Gewissermaßen durch einen umgekehrten Anthropomorphismus drängten sich mir die Parallelen auf. Natürlich besonders bei den Primaten, aber auch bei allen anderen Tieren, selbst dem Truthahngeier, der – wie wir – gern sonnenbadet. Es stimmt schon, Menschen sind komplizierter als Tiere, jedoch vielleicht nicht so sehr, wie wir annehmen. Während der noch relativ junge Fachbereich der Verhaltensbiologie weiter wächst, enthüllt die Forschung mehr und mehr, dass Tiere alles andere als geistlose, rein von Instinkten getriebene Organismen sind. Merkmale, die bisher als allein dem Menschen vorbehalten galten – wie das Benutzen von Werkzeug oder die Zusammenarbeit mehrerer Individuen –, wurden auch bei anderen Primaten und jetzt sogar bei Vögeln und Fischen entdeckt. Wie sich herausstellte, jagen Zackenbarsche und Muränen im Verband, und Krähen stellen sich ziemlich geschickt mit einem Stückchen Draht an.

Egal wie kompliziert, der *Homo sapiens*, Höchster der Primaten, Spitzenreiter der Nahrungskette, eine erschreckend erfolgreiche Spezies, gehört letztendlich dem Tierreich an, ob es uns nun gefällt oder nicht. Tiertrainer zeigten mir, dass es universelle Verhaltensregeln gibt, die sich quer durch alle Spezies ziehen. Warum sollten wir eine Ausnahme bilden?

Mehr und mehr stand ich auch in meinem Privatleben unter dem Einfluss dessen, was ich im Moorpark College beobachtete. Wenn mein Ehemann etwas tat, was mich ärgerte, überlegte ich: «Wie würde ein Tiertrainer jetzt reagieren?» Das Gleiche, wenn ich mich mit einem Verwandten stritt. Oder wenn mir die Postangestellte das Leben schwer machte. Das mag lächerlich klingen. Ich gebe es zu. Anfangs betrachtete ich es selbst als eine Art lustiges Experiment. Doch die ersten Resultate waren so überzeugend, dass ich weitermachte.

Habe ich meinem Mann und meinen Freunden *Sitz* und *Platz* beigebracht? Natürlich nicht. Was sollte das bringen? Na gut, es wäre ein lustiger Gimmick, besonders wenn ich sie darauf dressierte, wie Hähne auf Kommando zu scharren und zu krähen. Mein Ziel war aber nicht, mir andere Leute gefügig zu machen, sondern die menschlichen Kommunikationsweisen und Beziehungen, die meine Tage anfüllen, besser zu steuern. Das Komische daran ist, dass ich im Endeffekt einige ziemlich banale Dinge lernte. Zum Beispiel, mehr Geduld mit meinem Mann zu haben beziehungsweise mit allen Menschen. Lehren, die ich auch aus einem Ratgeber oder einer halben Therapiesitzung hätte ziehen können. Doch hätte ich diese Weisheiten von einem Psychologen gehört oder sie in einem bierernsten, mit lächelnden Gesichtern gepflasterten Handbuch gelesen, dann hätte ich mir gedacht «ach nee», wäre schnurstracks losmarschiert und hätte die Geduld mit jemandem verloren. Selbst wenn es ein Buch über Delphintraining gewesen wäre, hätte mich das immer noch zu keiner Veränderung inspiriert. Diese banalen Dinge jedoch am Beispiel von Seelöwen, Fenneks, Wüstenbussarden und Totenkopfäffchen zu lernen, ja, sie tatsächlich zu beobachten, faszinierte mich und verwandelte die persönliche Weiterentwicklung in ein fesselndes, gar amüsantes Unterfangen. Statt mir mühsam einen bissigen Kommentar zu verkneifen, überlegte ich: «Was würde ein Delphintrainer in dieser Situation tun?»

Genau das frage ich mich in diesem Moment, während mein aufgebrachter Ehemann nach seinem Schlüssel sucht.

Die Antwort lautet: «Nichts.» Delphintrainer – genau wie alle progressiven Trainer – belohnen erwünschtes Verhalten und ignorieren unerwünschtes. Also ignoriere ich das unerwünschte Verhalten: Scotts zunehmende Gereiztheit. Ich rufe ihm nicht einmal mögliche Fundorte zu. Stattdessen sind meine Lippen versiegelt, und ich konzentriere mich auf meine Aufgabe, in diesem Fall einen Teller abzuspülen. Dort am Spülbecken höre ich meinen Mann eine Schranktür zuknallen, die Unterlagen auf der Kommode im Flur durchwühlen und die Treppe hinaufstapfen. Ich stelle den Teller in die Spülmaschine und nehme mir den nächsten vor. Dann tritt plötzlich totale Stille ein.

Einen Augenblick später kommt Scott in die Küche geschlendert, den Schlüssel in der Hand, und sagt gelassen: «Ich hab ihn.»

Ohne mich umzudrehen rufe ich: «Super. Bis später dann.»

Und weg ist er, zusammen mit unserem stark beruhigten Hund. Nachdem dieses Drama abgewendet wurde, möchte ich ihm am liebsten eine Makrele zuwerfen, vielleicht mir selbst auch gleich eine. Es ist gar nicht so leicht, wie ein Tiertrainer zu denken.

ZWEI

Jede Interaktion ist Training

Als ich der Welt mitteilte, dass ich Techniken aus dem Tiertraining verwende, um meine Ehe zu verbessern, erhielt ich einige wütende E-Mails von Männern, die mir vorwarfen, meinen Gatten zu manipulieren. Ganz zu schweigen davon, dass ich ihn angeblich erniedrige, indem ich ihn mit einem Tier vergleiche. In meinen Augen ist letztere Beschwerde müßig, denn Menschen *sind* Tiere, selbst Ehemänner, selbst Ehemänner mit dem IQ von Atomphysikern, selbst Atomphysiker. Außerdem bin ich noch niemals einem Mann begegnet, der etwas dagegen hatte, mit einem Löwen oder einem Tiger verglichen zu werden, oder auch mit einem Bären. Und wären wir nicht alle gern den Delphinen ähnlicher, die mit ihrer Intelligenz, ihrem guten Aussehen und ihrer Sportlichkeit sozusagen die Kennedys des Tierreichs sind? Ich war schon mit Männern zusammen, die einem Delphin nicht das Wasser reichen konnten.

Was den ersten Punkt betrifft, wende ich mich wieder der Welt der Tiertrainer zu, wenngleich mir bewusst ist, dass mich das überhaupt erst in die Bredouille gebracht hat. Im Speziellen wende ich mich einer ihrer Redensarten zu: Jede Interaktion ist Training. Übersetzung: Immer, wenn man in Kontakt zu einem Tier tritt – wenn man Nahrung auf dem Fußboden ablegt, mit ihm spricht, an seinem Gehege vorbeiläuft –, bringt man ihm etwas bei. Ob man das beabsichtigt oder nicht. Selbst das Tier nur anzusehen kann eine versehentliche Lektion sein. Tiere hören nie auf, von ihrer Umwelt zu lernen, und wenn man ein Teil dieser Umwelt ist, dann schnappen sie auch das eine oder andere von einem selbst und dem eigenen Verhalten auf. Hätte Mutter Natur sie nicht so geschaffen, dann wären sie längst in den evolutionären Abgrund geschlittert. Dass Tiere zum Lernen gemacht sind, ist der Grund, warum Trainer sie trainieren können.

Tiere sind solche Schnelllerner, dass man als Trainer vorsichtig sein muss. Ein unüberlegtes Quieken oder eine schlecht getimte Belohnung, und ein Tier macht plötzlich etwas, was niemand geplant hatte. In seinem Standardwerk *Animal Training* berichtet Ken Ramirez, der das Training im Chicagoer Shedd Aquarium überwacht, wie zwei Belugawale lernten, ihre Trainer mit Wasser zu bespucken. Das Spucken liegt den Walen in der Natur. In freier Wildbahn spucken Wale auf den Meeresboden, um Nahrung wie Seeringelwürmer, Schnecken oder Flundern freizulegen. Sie wurden auch schon dabei beobachtet, über der Wasseroberfläche zu spucken, beispielsweise auf ein Stück Treibholz oder wie ein Springbrunnen in die Luft. Daher war es nicht so abwegig für einen Beluga im Shedd Aquarium, ein Maulvoll kaltes Salzwasser auf einen vorbeilaufenden Neoprenanzug abzuschießen. Woraufhin der überraschte Trainer vermutlich kreischte oder einen Satz machte oder beides. Sofort probierte es auch ein anderer Wal aus dem Becken. Noch mehr Jaulen und Hopsen waren die Folge. Ein dritter schloss sich an. Die Trainer hatten den Belugas unabsichtlich beigebracht, sich in walgroße Wasserspritzpistolen zu verwandeln.

Genau deshalb ist Schülern in ihrem ersten Jahr im Lehrzoo jegliche Interaktion mit den Tieren untersagt. Nicht einmal Reden oder Augenkontakt sind erlaubt, um die versehentliche Angewöhnung unerwünschten Verhaltens zu vermeiden. Dennoch brachten die Frischlinge der Paviandame Rosie einige Kleinigkeiten bei. So lernte Rosie, still dazusitzen und die Anfänger mit einem Schmatzen ihrer Lippen zu begrüßen, was diese näher an ihren Käfig heranlockte. Genau, wenn sie den Mund zu einem Lächeln verzogen, kreischte Rosie ihnen in die neuen Gesichter. Je mehr die Armen sich erschreckten und gackerten, desto begeisterter wiederholte Rosie ihren Trick. Clyde, der Kakadu, ließ sich ein ähnliches Manöver einfallen. Brav saß der weiße Vogel auf seiner Stange und sah die Ankömmlinge so freundlich wie ein Empfangskomitee an, wenn sie zum Reinigen in seinen Käfig stiegen. «Hallo Clyde», quäkte er und plötzlich flatterte er ihnen mit ausgefahrenen Krallen und wild schlagenden Flügeln auf den Kopf. Natürlich zogen die Schüler die Köpfe ein und schrien, was Clyde ganz offensichtlich genoss. Die Kamele Sirocco und Kaleb hingegen wendeten eine stillere und subtilere List an. Sie stellten fest, dass sie lediglich gleichzeitig die Köpfe über den Zaun strecken mussten und dadurch mit ihren langen, dicken Hälsen Neulinge in dem Zwischenraum zwischen ihren Gehegen einklemmen konnten. Dann saßen die Schüler in der Falle, denn da sie weder mit den Kamelen sprechen noch sie anfassen durften, mussten sie warten, bis ein älteres Semester zufällig vorbeikam und sie befreite.

Bis dahin hatten Sirocco und Kaleb eine nervöse, betretene Geisel in ihrer Gewalt, was augenscheinlich auf Kamele einen gewissen Reiz ausübt.

Noch bevor ich offiziell mit dem Trainieren unseres zweiten Hundes Penny Jane begann, brachte ich ihr ungewollt einiges bei. Kurz nachdem sie zu uns gekommen war, bellte sie einmal hinten auf der Terrasse. Damit ihr Gekläffe nicht die Nachbarn störte, besonders nicht das Paar mit dem Baby nebenan, beeilte ich mich, sie hineinzulassen. Das merkte sich Penny Jane. Innerhalb kürzester Zeit bellte sie jedes Mal, wenn sie ins Haus wollte. Penny Jane entwickelte sogar ein spezielles «Lass mich rein»-Kläffen, ein einzelnes, kurzes, nachdrückliches – manche würden es vielleicht sogar frech nennen – *Waff*, das ich noch im hintersten Winkel des Hauses hören kann. Für gewöhnlich, wenn ich gerade am Telefon, im Badezimmer oder anderweitig beschäftigt bin.

Ebenfalls zufällig lehrte ich sie, dass ich nicht mit Autotüren umgehen kann. Eines Abends luden wir die beiden Hunde für eine kurze Fahrt zur Videothek auf den Rücksitz des Wagens. Ich, etwas erhitzt und leicht benebelt von einem schönen großen Martini à la Scott, bemerkte nicht, dass Penny Jane ihren normalerweise geringelten Schwanz entrollt hatte. Ich schlug die Autotür zu und klemmte die weiße Spitze ihres hübschen Schwänzchens ein. Penny Jane jaulte. So schnell ich konnte, machte ich die Tür wieder auf. Ihr Schwanz war wunderbarerweise unversehrt. Ihre Nerven nicht. So lernte Penny Jane, gebührenden Abstand zu halten, wenn meine Hand sich in Reichweite einer Autotür befand. Bis heute springt sie beim Einsteigen sofort ganz nach hinten in die Ecke und verstaut ihren Schwanz sorgfältig unter ihrem Hinterteil. Ich hingegen lernte, dass ich nach einem Martini den Überblick darüber verliere, wessen Schwanz gerade wo ist.

Man muss also ein Tier nicht absichtlich trainieren, um es zu trainieren. Selbst in altmodischen Zoos, die das Abrichten generell scheuen, da sie der Ansicht sind, Tiere sollten so «wild» wie möglich gehalten werden, lernen sie trotzdem ein langes Register von Verhaltensweisen. Wenn die Wärter das Tier jeden Morgen an derselben Stelle um dieselbe Uhrzeit füttern, dann lernt es daraus, dass das Frühstücksbüfett um acht Uhr neben dem Wassergraben eröffnet wird. Zootiere erkennen schnell, dass sie sich am besten verstecken, wenn der Tierarzt auftaucht. Oder dass sie nur lange und laut genug gegen das Gehegetor hämmern müssen und schon kommen die Wärter gerannt, manchmal sogar mit Bananen im Gepäck, um den Krach zu beenden.

Im Training von Tieren nicht bewanderte Zoopfleger können sogar unwissentlich die Eisbären zum Auf-und-ab-Gehen anspornen, indem sie versuchen, ihnen genau das abzugewöhnen. Die Bären neigen in Gefangenschaft dazu, hin- und herzulaufen. Warum, weiß niemand so genau. Vielleicht trotten die Tiere herum, weil es sie beruhigt. Oder stimuliert. Oder um sich Bewegung zu verschaffen. In freier Natur wandern die Polarbären genau wie wir einen Fuß vor den anderen setzend auf der Suche nach Seehunden und anderen Snacks kilometerweit über Eis und Tundra. Bekannt ist den Zoos jedoch, dass ein hin- und herlaufender Bär die Besucher beunruhigt. Also werfen die

Wärter einen großen Ball ins Gehege, um das Tier von seinem zwanghaften Marschieren abzulenken. Dem Bären kann das wie eine hübsche Belohnung für sein Auf-und-ab-Gehen vorkommen. Wenn er das nächste Mal das Verlangen nach einem Spielzeug verspürt, setzt er eine riesige weiße Tatze vor die andere und voilà, ein Ball erscheint.

Selbst die Zoobesucher können die Tiere dressieren. Vor einigen Jahren schleuderte im Zoo meiner Heimatstadt Cincinnati ein ungefähr zwanzigjähriger, weiblicher Gorilla mit Namen Muke einen Klumpen Gras über den Wassergraben auf die versammelten Schaulustigen. Ein Tumult nicht nur belustigter Art brach aus. Muke warf noch einen Klumpen. Kreischen, Rennen, Lachen folgte. Binnen kurzem wurde der Besuch des Gorillageheges zu einer einseitigen Partie Völkerball. Manche Leute fanden es lustig. Bei anderen trat eine posttraumatische Belastungsstörung auf, da diese Szenen schlimme Erinnerungen an den Schulsportunterricht heraufbeschworen. Muke, deren Treffsicherheit sich durch Übung steigerte, donnerte eines Tages einem kleinen Mädchen ein Rasenstück direkt vor den Kopf. Zurück blieben eine Beule und eine Anekdote, die das Mädchen den Rest seines Lebens auf Partys zum Besten geben kann. Daraufhin postierte der Zoo Wärter um das Gehege herum, die vor tieffliegenden Rasenstücken warnten und Zoobesucher darüber aufklärten, dass sie nicht zurückwerfen dürfen. Aber nicht doch, wir haben überhaupt keine Ähnlichkeit mit Tieren.

Das Argument der Tiertrainer lautet: Warum die Tiere nicht bewusst trainieren? Warum das Lernen dem Zufall überlassen? Dieselbe Frage, so kam es mir in den Sinn, könnte man durchaus auch in Bezug auf Menschen stellen.

Wir alle verbringen, ob nun bewusst oder unbewusst, einen Gutteil des Tages mit dem Versuch, gegenseitig unser Verhalten zu verändern. Wenn man zu dicht auffährt, hofft man, dadurch das Auto vor einem zum Beschleunigen oder schleunigst Platzmachen zu veranlassen. Wenn man jemandem behilflich ist, sagen wir mal, indem man seinen Ehemann über die angemessene Länge von Zehennägeln aufklärt oder einen Freund wegen seiner obsessiven Beschäftigung mit Britney Spears' Unterwäsche-Tragegewohnheiten aufzieht, dann versucht man immer auch bis zu einem gewissen Grad, ihn zu ändern. Wenn man etwas genau richtig macht, beispielsweise perfekt den Müll trennt oder den Rasen pflegt, dann bietet man – bewusst oder unbewusst – ein Vorbild, in der Hoffnung, die Nachbarn würden es einem gleichtun. Wenn man in einem Restaurant einen filmstarreifen Seufzer ausstößt, während man auf einen Tisch wartet, möchte man das Personal erweichen und schneller einen Platz bekommen. Direkt oder durch die Blume, höflich oder herrisch, wir alle haben es auf das Gleiche abgesehen.

Diese Neigung wird meiner Ansicht nach am deutlichsten zwischen Eltern und Kindern. Sie sind meistens in einem derart schwindelerregenden Verhaltenskreislauf gefangen, dass man unmöglich sagen kann, wer eigentlich wen abrichtet. Doch der Drang, einander zu ändern, macht auch vor Freunden, Kollegen, Verwandten und Wildfremden nicht halt. Und nebenbei trainieren wir reichlich Verhaltensweisen per Zufall an. Wie oft hat ein Ehepartner schon gejammert: «Aber ich dachte, du magst es, wenn ich (bitte vervollständigen).» Eltern bringen ihren Kindern unabsichtlich bei, sich gegen das Schlafengehen zu sträuben. Denn je mehr die lieben Kleinen meutern, desto mehr verhandeln, betteln und bestechen die Eltern. Leute, die auf Einladungen zum Mittag- oder Abendessen mit atemlosen E-Mails reagieren, in denen sie ihren übervollen Terminkalender herunterbeten, erziehen ihre Freunde dazu, sie nicht mehr einzuladen. Viele Arbeitgeber provozieren das genaue Gegenteil des gewünschten Arbeitsverhaltens, indem sie Angestellte, die mehr als nur das absolute Minimum leisten, nicht belohnen, die Faulpelze jedoch mit Aufmerksamkeit – wenn auch mit negativer – überschütten. Selbst Unternehmen mischen bei dem Spiel mit. Die Fluggesellschaften mögen sich ja in den vergangenen Jahren finanziell saniert haben; aber nebenher haben sie einer Nation, die das Fliegen liebte, beigebracht, es zu hassen.

Ich bin da keine Ausnahme. Mein ganzes Leben lang habe ich unbewusst andere Leute trainiert, allen voran meinen Mann Scott. Und er mich. Meine Techniken bestanden aus Nörgeln, gelegentlichen diplomatischen Vorstößen, Bitten, Sarkasmus und – eine persönliche Lieblingsmethode – der kalten Schulter. Seine waren Ehegattentaubheit, vereinzeltes Knurren, Erlasse («Ab jetzt wird nicht mehr laut die Nase geputzt», hat er einmal verkündet) und noch mehr Ehegattentaubheit. Nur selten erhielten wir die gewünschten Resultate. Was ich ihm aber en passant beibrachte, war, sich ins Bad zu flüchten, wann immer ich das Thema Gartenarbeit erwähnte. Er dagegen richtete mich darauf ab, noch lauter ins Taschentuch zu trompeten (es war lustig, ihn zusammenzucken zu sehen). Obwohl keine unserer Techniken besonders gut funktionierte, blieben wir stur wie altgediente Zirkusdompteure, die nur eine Methode im Umgang mit Tieren kennen, und zwar meistens eine negative.

Wenn ich also im Grunde genommen bereits längst versuchte, meinen Ehemann, Freunde, Verwandte, Kollegen und wen auch immer zu verändern – warum es nicht bewusst tun und vor allem: effektiv? Warum nicht denken wie ein Tiertrainer, wie ein progressiver Tiertrainer? Warum nicht das Verhalten anderer absichtlich beeinflussen statt zufällig?

Genau so zielgerichtet arbeiten Tiertrainer. Sie überlegen sich ein Verhalten, das sie antrainieren wollen, zum Beispiel das Balancieren eines Balls auf der Nase eines Seelöwen, ein Klassiker. Als Nächstes zerlegen sie dieses Vorhaben in viele kleine Einzelschritte: dem Seelöwen den Ball hinhalten, damit er ihn mit seinen starken, blonden Schnurrhaaren befühlen kann; ihm den Ball über den Kopf halten, damit das Tier seinen gummiartigen Hals und die Schnurrhaare nach oben streckt; das Tier diese Stellung halten lassen; und schließlich den Ball auf die feuchte Nase setzen. Ein Trainer hält all diese Schritte schriftlich fest. Dann verzeichnet er an jedem Trainingstag seine Fortschritte. Vor allem Trainer von Meeressäugern können solche Notizen am laufenden Band produzieren, selbst hübsche Diagramme.

Da ich nicht annähernd so organisiert bin, war ein

schriftlicher Trainingsplan in meinem Fall nicht realistisch. Und mein Training müsste immer nebenbei stattfinden, während ich durch meinen Tag haste. Tiertrainer haben da einen Riesenvorteil: Es ist ihr Job. Wenn sie dressieren, dann tun sie nichts anderes. Sie gehen nicht ans Telefon, suchen im Kühlschrank nach einem Joghurt oder überweisen Rechnungen, während sie gleichzeitig überprüfen, ob ein Delphin korrekt mit der Brustflosse auf dem Wasser aufgetroffen ist. Bei den ganzen Ablenkungen des Alltagslebens würde ich niemals über die Konzentration eines Profis verfügen. Mal abgesehen davon, dass meine Tiere Widerworte geben konnten, im Sinne von: «Probierst du etwa Tiertraining an mir aus?» Aber einen Versuch war es trotzdem wert.

Ob also nun mit oder ohne Plan, ich musste einige spezifische Ziele abstecken, musste mir überlegen, was ich wollte und was nicht, um nicht einfach vor mich hin zu wursteln. Bis dato arbeitete ich wie ein Trainer, der einem Seelöwen einfach einen Ball zuwirft und abwartet, was passiert. Wenn ich wollte, dass der Ball auf der schnurrbärtigen Nase auch balanciert wird, bildlich gesprochen, dann musste ich viel methodischer vorgehen.

Training ist kein Schimpfwort

Unbehaglich? Auch wenn wir für Marathonläufe trainieren und Personaltrainer zu Tausenden engagieren, ist den meisten Leuten nicht wohl, wenn das Wort *Training* in der Bedeutung von «Dressieren» oder «Abrichten» auf Menschen angewendet wird. Annie Clayton musste das am eigenen Leib erfahren.

2005 strahlte die englische BBC eine Realityshow mit dem Titel *Bring Your Husband to Heel* (in etwa: «So geht Ihr Ehemann bei Fuß») aus, die von der Hundetrainerin Clayton moderiert wurde. Clayton zeigte gestressten Ehefrauen, wie sie ihren Partnern durch die Grundprinzipien des progressiven Hundetrainings nervige Angewohnheiten aberziehen können. Erwünschtes Verhalten sollte belohnt, unerwünschtes ignoriert werden. Für solche Raffinesse hatten die Zuschauer keinen Sinn; sie beklagten sich, die Sendung sei erniedrigend, «skandalöser Blödsinn» gar, wie der *Guardian* berichtete. Und das in einem Land, das bekannt ist für seine große Liebe zu unseren vierbeinigen Gefährten. Binnen kurzem wurde die Serie abgesetzt, eine offizielle Entschuldigung für jegliche dadurch hervorgerufene «Verärgerung» ausgesprochen und Clayton in die Blogosphäre geschossen.

Der etwas ungeschickte Titel der Sendung war sicher auch nicht gerade hilfreich, aber bis zu einem gewissen Grad wurde Annie Clayton das Opfer der sehr negativen Assoziationen, die viele mit diesem Konzept von «Training» verbinden. Möglicherweise hatten sie früher im Schwimmverein noch einen Trainer der alten Schule mit Trillerpfeife, oder sie können sich zu ihrem Leidwesen keinen eigenen Personaltrainer leisten. Jedenfalls steht das Wort für viele Menschen gleichbedeutend mit «Manipulation» oder «Kontrolle». Es beschwört Bilder von Raubtierdompteuren mit einer Peitsche in der einen und einem Stuhl in der anderen herauf, von wilden Tieren, die gezähmt, deren edle Seelen dem Willen des Menschen unterworfen werden.

Obwohl auf diesem Gebiet in den letzten Jahren sehr viel erreicht wurde, bleibt dieses altmodische Bild in zahlreichen Köpfen weiter lebendig. Die Vorstellung der meisten Menschen vom «Abrichten» beruht weiterhin auf überholten Methoden, die von den Höhlenmenschen an uns überliefert wurden und traurigerweise immer noch Geltung haben. Dieser Stil herrschte auch bis vor kurzem noch in der Welt des Hundetrainings vor. Traditionell lag das Ziel darin, dem Tier Gehorsam beizubringen, es zu brechen, ihm zu zeigen, wer der Boss ist. Wer möchte schon gebrochen werden?

Zudem ist bei diesem Trainingsansatz nebensächlich, ob ein Tier Spaß an der Erziehung hat. Das Tier muss gefälligst parieren. Manchmal werden auch Belohnungen eingesetzt, aber immer gibt es Strafen, von symbolischen (Spielzeug wegnehmen) bis hin zu handgreiflichen (Klaps auf die Schnauze). Dem Tier wird beigebracht, was es nicht tun soll. Wenn ein Hund an der Leine zieht, *zack*. Wenn er nicht auf Kommando *Sitz* macht, *zack*. Wenn er sich nicht schnell genug hinlegt, *zack*. Die Motivation des Tiers ist, etwas Unangenehmes zu vermeiden, ein Zwicken, einen Klaps, ein Zupfen. Diese Methode macht sich zunutze, was Tiere nicht mögen. Darin liegt etwas ach so Menschliches.

Progressive Trainer wählen einen grundlegend entgegengesetzten Ansatz. Sie begreifen die Erziehung als Kommunikation. Sie unterrichten statt zu zähmen. Sie zwingen Tiere nicht zu etwas, sondern geben Anreize. Das

Ziel ist nicht Gehorsam, sondern Mitwirkung. Die Tiere sollen gern, nein, sogar begeistert trainieren. Das schließt Zwicken, Klapsen und Zupfen von vornherein aus. Puristen benutzen noch nicht einmal das Wort «Nein». Das bedeutet nicht, dass solche Trainer nicht auch an der Leine ziehen oder rufen würden, wenn ein Hund sich auf den Weihnachtsbraten stürzen will, aber sie setzen Bestrafung nicht als Erziehungsmaßnahme ein. Sie motivieren Tiere nur durch Belohnung. Man signalisiert dem Hund, sich hinzusetzen. Sobald sein Hinterteil den Boden berührt, bekommt er ein Leckerchen. Wenn er sich nicht hinsetzt, ist das einzige Nachspiel, keinen Happen zu erhalten. Auf diesem Weg geht das Tier keinerlei Risiko ein.

Diese aufgeklärte Philosophie verdanken wir den Trainern von Meeressäugern, und sie wurde nach und nach auch für das Training anderer Tierarten aufgegriffen, vom Nashornvogel bis zum Nilpferd. Das sind die Prinzipien, die dem Klickertraining zugrunde liegen, das wiederum die Hundeerziehung revolutioniert hat. Und dieser frische Ansatz war es auch, der Zoos dazu anregte, die Tierdressur neu zu überdenken, und Aquarien, diese Methode an Fischen, Schildkröten und Kraken auszuprobieren. Heute wird Training eingesetzt, um das Leben von Tieren in Gefangenschaft zu verbessern. Es dient der körperlichen Bewegung, der geistigen Stimulierung, der Körperpflege und der Problemlösung. Stellen wir uns vor, ein Kapuzineräffchen rupft sich das eigene Fell aus Langeweile aus, sozusagen das Affenäquivalent zu übermäßigem Videospielen. Als Reaktion darauf bringen die Pfleger dem Kapuzineräffchen alle möglichen neuen Verhaltensweisen bei: an der Leine laufen oder sogar eine Runde Kuckuck-Spielen. Schon bald ist das Tier viel zu beschäftigt und vor allem viel zu müde von all den Aktivitäten, um sich noch mit seinem Fell zu befassen. Problem gelöst, und das ohne ein einziges Antidepressivum. Wie Gary Priest, zuständig für das Training im Zoo von San Diego, es formuliert: «Für jedes Problem gibt es eine Verhaltenslösung.»

Durch die Arbeit mit Belohnungen konnten Trainer auch Spezies und Verhaltensweisen unterrichten, die bislang als untrainierbar galten. In Gatorland in Florida hat man den Reptilien beigebracht, auf Kommando aus ihrem trüben Becken herauszustoßen. Im Saguaro National Park in Arizona dirigieren die Trainer freifliegende Greifvögel durch ihren Blick in die gewünschte Richtung. Im Baltimore Aquarium geben die Löwenaffen auf Stichwort Urinproben ab.

Mit solchen Trainern habe ich Stunden um Stunden neben diversen Wasserbecken und Gehegen verbracht. Deshalb ist «Training» für mich persönlich ein magisches Wort, so magisch, dass ich hin und wieder vergesse, wie negativ es für andere Menschen klingt. Wenn das passieren sollte, bitte ich vorab schon um Verzeihung.

B Sagen

Warum nicht einfach direkt sein, wie manche Leute mir vorschlugen, und dem anderen sagen, was man von ihm will? Erstens ist es mir ein Rätsel, warum Sprache automatisch als direkteres Mittel der Kommunikation betrachtet wird als Verhalten. Zweitens ist Reden auch nicht das Gelbe vom Ei.

Wir Menschen sind übertrieben verliebt in Sprache. Unentwegt lassen wir uns darüber aus, dass unsere Kommunikation durch die Sprache der der Tiere überlegen ist. Ist das denn wirklich so? Tiere mögen ja weniger verbal sein, doch in Sachen Klarheit stecken sie uns möglicherweise in die Tasche. Zugegeben, in der Regel haben Tiere eher schlichte Botschaften zu vermitteln: «Ich bin hier der Boss», «Nein, bist du nicht», «Lass es uns miteinander treiben», «Bananen hierher» oder «Leopard!» Aber all das – und noch viel mehr – gelingt ihnen ohne ein einziges Wort. Es stimmt schon, im Gegensatz zu uns können Tiere nicht auch noch über Proust diskutieren, Stammzellenforschung erörtern und ihre Gefühle endlos analysieren. Aber eins darf man nicht vergessen: Hätte es dem evolutionären Vorteil einer Spezies gedient, über das Motiv der Erinnerung in *Auf der Suche nach der verlorenen Zeit* zu debattieren, dann hätte sie sich dementsprechend entwickelt. Mutter Natur hätte dann schon die dazu benötigte DNA geliefert. So wie die Dinge liegen, sind wir die einzige Spezies, die Bedarf an dieser Fähigkeit hat – bis jetzt. Und manchmal sind wir so mit französischer Literatur aus dem frühen zwanzigsten Jahrhundert beschäftigt, dass wir nicht «Leopard!» rufen, wenn wir eigentlich sollten.

Dass wir sprechen können, verschafft uns einen Kommunikationsvorsprung vor den Tieren. Häufig jedoch sabotieren wir uns selbst mit unserer eigenen Sprache. Obwohl die Evolution uns in sprachlicher Hinsicht üppig ausgestattet hat, sind wir schlampig, ja sogar faul, wenn es darum geht, uns auszudrücken. Wir sagen das eine und meinen das andere, und dann versuchen wir, das Ganze durch noch mehr Worte wieder aufzuklären. Beim Reden lassen wir unseren Verstand treiben wie einen verirrten Heißluftballon. «Wovon habe ich gerade gesprochen?», murmeln wir einander zu. Wir zerren das gewaltige emotionale Gewicht unserer Vergangenheit und unserer Zukunftsängste noch in den einfachsten Wortwechsel hinein, etwa, welche Pizza wir bestellen sollen. Wir sagen das eine, während unsere Körpersprache oder unsere Lautstärke das genaue Gegenteil übermitteln. «Es tut mir *leid*» haben schon zahllose Ehepartner durch die Jahrhunderte einander lautstark entgegengeschleudert, worauf zahllose Ehepartner mit einer Portion Körpersprache reagiert haben – die Tür zuzuknallen. Manchmal klammern wir uns derart an die Sprache, dass wir uns auch dann noch auf das Gesagte konzentrieren, wenn das Verhalten unseres Gegenübers eigentlich schon alles sagt. Die Expertin Karen Pryor weist in ihrem Buch *Positiv bestärken – sanft erziehen* darauf hin, dass bei sich streitenden menschlichen Paaren das Sagen dem Tun – dem Streiten – die Schau stiehlt.

Meiner Meinung nach sind Menschen deshalb so schlampig, weil wir unser Verhalten hinterher erklären können. Oder anders gesagt, wir können uns bei unseren Artgenossen entschuldigen. Einem Tier kann man nichts erklären. Wenn das Timing bei einem Trainer nicht stimmt und er einem Delphin unabsichtlich beibringt, hochzuspringen, wo er eigentlich einen Salto machen sollte, dann kann man dem Meeressäuger hinterher nicht auseinandersetzen: «Ach herrje, das tut mir jetzt leid, ich meinte eigentlich ...» Wenn ein Trainer ein Tier scheu macht, indem er zu schnell zu nahe kommt, dann kann er nicht im Nachhinein darlegen, dass er sich nur mit ihm anfreunden wollte. Wenn ein Trainer vor einer Raubkatze stürzt, dann kann er nicht erklären, dass das ein Unfall war, dass er gar kein Beutetier ist.

Dass Tiere die Welt wörtlich nehmen, dass sie die einzelnen Verhaltenspunkte unmittelbar miteinander verbinden und auf das entstandene Bild so eindeutig reagieren, verdeutlicht eine Tatsache: Was man tut, *ist* Kommunikation. Wäre es nicht so, könnten wir Tiere nicht trainieren. Doch das können wir, und zwar ohne ein Wort.

Ob ich die Prinzipien des Trainings bei meinem Mann, Freunden und Verwandten anwenden sollte, war für mich nie eine philosophische Frage. Es war eine praktische. Ich stellte fest, dass ich wieder und wieder dieselben ermüdenden Gespräche führte, wieder und wieder über dieselben alten Ärgernisse stolperte. Meine Mutter und ich hatten jahrelang ein und dieselbe Diskussion über ihr Gehör beziehungsweise den offenbaren Mangel daran. Ich konnte sie nicht davon überzeugen, sich ein Hörgerät anzuschaffen. Nichts, was ich sagte, hinderte meinen Mann je daran, die Beherrschung zu verlieren. Ich war es leid, mich zu wiederholen. Ich musste etwas Neues ausprobieren. Als ich sah, was Tiertrainer mit der Anwendung elementarer Verhaltensprinzipien alles erreichen konnten, fand ich dieses Neue.

Einmal verbrachte ich einen Nachmittag im Gespräch mit dem charmanten Hollywood-Trainer Hubert Wells, der an einer langen Reihe von Filmen mitwirkte, von der ersten *Doctor Dolittle*-Fassung bis hin zu *Jenseits von Afrika*. Er beschrieb sich selbst als «guten Säugetier-Allrounder», wenn er auch mit Bären immer seine Probleme hatte. Wells trug einen steifgebügelten, khakifarbenen Safarianzug. Er hatte sich zur Ruhe gesetzt und seine Firma an einen anderen Trainer verkauft, doch er wohnte immer noch am Rande seines alten Tiergeländes in einem engen Canyon nördlich von Los Angeles. Während wir uns unterhielten, hörte ich ein oder zwei Elefanten trompeten. Wir tranken Kaffee in seinem Esszimmer, während sein ungebärdiger Jack-Russell-Welpe Starbuck unentwegt im Kreis um den Tisch herumraste. «Er ist wie ein doppelter Espresso», witzelte Wells. Um uns herum hingen die Bilder seiner langen Karriere, vom Schwarz-Weiß-Foto eines Vizsla – der Tochter der Hündin, die er 1957 bei seiner Flucht aus Ungarn vor den Kommunisten herausgeschmuggelt hatte – bis hin zu einem Bild von ihm Wange an Mähne mit einem Lieblingslöwen. Ich fragte Wells nach seiner allgemeinen Herangehensweise an die Arbeit mit Tieren. Mit seinem satten ungarischen Akzent antwortete er: «Wenn etwas nicht funktioniert, muss man sich etwas anderes ausdenken.»

Diesen Rat nahm ich mir zu Herzen.

DREI

Das Zen des Tiertrainings

Ich fahre mit dem Wagen an einen Drive-in-Bankautomaten und mache mich an die Arbeit. Zuerst muss ich mit aller Gewalt ein eingeklemmtes Kuvert aus dem Spender zerren. Dann lege ich es auf das Lenkrad, um es auszufüllen. Penny Jane schließt daraus, dass wir eine Weile hier stehen bleiben, und rollt sich auf dem Rücksitz zu einem Nickerchen zusammen. Dixie, die nicht eine Nanosekunde Leben verpassen will, starrt aus dem Seitenfenster. Der Kuli ist leer, also wühle ich im Handschuhfach nach einem anderen. Gerade als ich einen Bleistift ertaste, den ich nicht benutzen darf, dringt ein lauter Seufzer in meine Richtung. Im Rückspiegel entdecke ich eine junge Frau zu Fuß hinter meinem Auto. Sie wirft sich das lange Haar über die Schultern und stampft mit einem hohen Absatz auf. Ich beeile mich, kritzle meinen Namen auf die Rückseiten von vier Schecks, so schnell ich kann. Als ich das Kuvert in das Maul der Maschine stecke, ertönt ein weiterer abgrundtiefer Atemzug. Dixie reckt neugierig den Hals, was das Theater soll. Die ungeduldige junge Dame reißt die Augen auf.

«Sie könnten auch den Automaten in der Bank benutzen», rufe ich ihr so neutral, wie ich nur kann, zu.

«Ich darf auch diesen benutzen», schießt sie zurück.

«Ja, aber bei dem in der Bank geht es vielleicht schneller für Sie.» Ich kann mir nicht verkneifen, die Stimme ein wenig zu heben.

«Warum gehen Sie dann nicht rein?», schnaubt sie.

«Weil ich in einem Auto sitze, Sie däml-» Ich bremse mich. Weder denke ich wie eine Tiertrainerin, noch verhalte ich mich so.

Bevor ich aktiv irgendwelche Bemühungen anstellen konnte, Trainingstechniken an meinen Artgenossen einzusetzen, musste ich genau das lernen. Das hieß nicht, sich von Kopf bis Fuß in Khaki zu hüllen oder in einen Neoprenanzug zu quetschen. Wenn es doch nur so einfach wäre.

Tiertraining ist bewusstseinsverändernd. Wie die Armee ist es nicht einfach nur ein Job, sondern eine Lebensart. Im Interview mit Trainern hörte ich immer wieder denselben Satz: «Das ist nichts, was ich mache, sondern was ich bin.» Normalerweise hätte ich daraufhin eine Journalistenbraue skeptisch hochgezogen, aber ich wusste, dass sie nicht übertrieben.

Wie es ein Trainer mir gegenüber formulierte: Tiere zu trainieren, «ist psychologisches Feintuning für den Kopf». Es ist wie eine zenbuddhistische Lektion in Selbstbeherrschung und zusätzlich ein ständiger mentaler Balanceakt. Man muss immer hellwach sein, weil alle Tiere absolut unberechenbar sind, gleichzeitig aber ruhig und beständig, damit man nichts Falsches beibringt oder, schlimmer noch, verletzt wird. Man muss verantwortungsbewusst sein, da Fehler den Trainern zufolge niemals die Schuld des Tieres sind, und doch sein Ego zurückstellen, um niemals etwas persönlich zu nehmen, was ein Tier tut. Man muss ganz im Hier und Jetzt sein, aber gleichzeitig vorausdenken, den nächsten Schritt oder die nächste Reaktion eines Tiers vorhersehen. Ein Trainer nannte das «proaktive Vorausahnung». Man muss selbstsicher sein, damit eine Raubkatze einen nicht für leichte Beute hält, aber nicht so selbstsicher, dass man sich beiläufig vorbeugt, um sich den Schuh zuzubinden. Denn dann würde jedes große Raubtier einen als nächste Mahlzeit betrachten. Man muss immer und ewig vorsichtig sein. Einmal beobachtete ich einen jungen Elefantentrainer dabei, wie er geistesabwesend neben einem Dickhäuter durch ein Gatter lief. Ein erfahrener Trainer wies ihn darauf hin, dass der Elefant ihn mit Leichtigkeit an dem Gatter hätte zerquetschen können – einfach nur aus Versehen. In der einen Sekunde träumt man vor sich hin, und ehe man sich's versieht, ist man nur noch ein Fleck.

Trainer müssen sich ihrer selbst sehr bewusst sein, müssen immer auf ihre eigene Körpersprache achten. Wedelnde Hände oder gestraffte Schultern können wichtige Informationen für den Tierverstand sein. Wenn man bedenkt, was für eine zappelige Spezies wir sind – als litten wir alle an einer leichten Form von Tourette –, ist das gar keine so leichte Aufgabe. Aber wenn man Tiere trainieren möchte, dann muss man seine menschlichen Ticks ablegen. Ein eins dreiundneunzig großer Schüler im Moorpark College musste lernen, die Paviandame Rosie nicht einzuschüchtern. In ihrer Anwesenheit durfte er keine unvermittelten Bewegungen machen oder lachen, was für ihn als Klassenclown besonders hart war. Zum ersten Mal erwiesen sich wenigstens seine hängenden Schultern als praktisch, denn eine gerade Haltung kam bei ihm nicht in Frage. Er musste sich so klein und wenig bedrohlich machen, wie nur möglich. Direkt ansehen durfte er Rosie ebenfalls nicht, denn das heißt auf Pavianisch: «Dich knöpf ich mir gleich vor.» Er musste sie – ein Tier mit scharfen Zähnen und Superheldenreflexen – aus dem Augenwinkel beobachten.

Während sie also einerseits ein geschärftes Bewusstsein für sich selbst und ihren Körper benötigen, müssen Trainer gleichzeitig aus ihrer eigenen Haut schlüpfen und die Welt vom Tierstandpunkt aus betrachten. Jedes Mal, wenn eine Trainerin des College den Wolf Gassi führte, hielt sie Ausschau nach noch den winzigsten Dingen, die seinen Jagdtrieb auslösen könnten – alles von über den Weg hoppelnden Kaninchen bis hin zum an der Leine trabenden Weimaraner des Nachbarn. Eines Nachmittags folgte ich einer Trainerin, die drei Schülern beibrachte, einen noch relativ jungen, männlichen Puma an der Kette zu führen. Wir machten eine Rast und standen plaudernd in der Sonne, während der Puma neben uns im Rindenmulch herumlümmelte. Geübt wurde, im Umgang mit dem Raubtier entspannt und doch wachsam zu sein. Die Katze jedenfalls war sehr entspannt. Sie schien zu dösen, schlug nur hin und wieder träge mit dem Schwanz. Urplötzlich stopfte die Lehrerin dem Puma einen Leckerbissen ins Maul. Sie hatte in der Ferne das Brummen des Zoolastwagens gehört, und da sie wusste, dass der Puma Angst vor Autos hat, wollte sie ihn ablenken. Wenn er sich erschreckte, würde er vielleicht wegrennen, den Schüler am anderen Ende der Kette hinter sich herschleifend. Weder ich noch die drei Schüler hatten den LKW gehört. Tatsächlich fuhr er kurz darauf an uns vorbei, doch vor lauter Hühnerhälse-Zernagen zuckte der Puma kaum.

Trainer müssen auch lernen, das Gegenteil von dem zu tun, was ihre Instinkte ihnen raten. Wenn ein Schwertwal einen mit dem Maul packt, muss man ganz schlaff werden. So langweilt er sich schnell und lässt wieder los. Wenn eine Raubkatze angreift, rollt man sich zu einer Kugel zusammen und wehrt sich nicht. Denn sonst beißt sie noch viel fester zu. Wenn eine Schlange einem die Giftzähne in der Hand versenkt, darf man sie nicht ruckartig wegziehen. Die Zähne sind nach innen geneigt und können leicht abbrechen. Dann bleiben sie stecken und eitern. Ein Schlangenbiss bringt einen nicht um, aber die Infektion womöglich schon.

Ein Trainer muss auf jeden Fall die Selbstbeherrschung eines Mönchs haben, denn er steht und fällt mit seinem Verhalten. Im übertragenen Sinne und buchstäblich. Trainer in der Ausbildung sind überrascht darüber, wie viel Zeit sie für ihr *eigenes* Verhalten aufwenden müssen. Sie lernen, ihre Furcht zu kontrollieren, wenn die Emudame streitsüchtig aufgelegt ist. Dann treten sie ganz nah vor den riesigen Vogel und halten ihn an seinem schlanken, starken, bläulichen Hals fest, damit er nicht mit seinem imposanten Schnabel nach ihnen hacken kann. In der Nähe der Primatenkäfige müssen schnelle Bewegungen unbedingt vermieden werden, um die leicht reizbaren Affen nicht aus der Ruhe zu bringen. Während einer Übungsstunde dürfen die Schüler auf gar keinen Fall die Beherrschung verlieren, im Idealfall nicht einmal seufzen. Denn das könnte all ihre Errungenschaften bis zu diesem Punkt wieder zunichtemachen, besonders bei so sprunghaften Tieren wie dem Großen Pampashasen. Die Nachwuchstrainer müssen lernen, nicht zu erschrecken, ja nicht einmal zu zucken – exakt, was ihr Nervensystem von ihnen verlangt –, wenn die tollpatschige Löwin Kiara sie anbrüllt. Sollte ihr Brüllen Wirkung zeigen, würde die Löwin beim nächsten Mal die Lautstärke noch etwas weiter aufdrehen. Und so üben sich die Neulinge darin, regungslos wie Statuen dazustehen, während Kiaras Brüllen durch sie hindurchweht.

Um mit menschlichen Tieren zu arbeiten, brauchte ich die meisten, wenn nicht gar all diese Eigenschaften. Zwar werde ich niemals über die Gemütsruhe eines Mönchs verfügen, aber bei der Arbeit mit meinen Hunden habe ich Quellen der Selbstbeherrschung und der Geduld gefunden. Könnte ich nicht dasselbe bei den Menschen in meinem Leben erreichen? Zumal ich mir, anders als ein professioneller Trainer, keine Sorgen machen muss, gebissen oder am Grund eines Wasserbeckens festgeklemmt zu werden. Wobei Scott, wie viele andere Menschen, durchaus gelegentlich brüllt. Einer Löwin allerdings kann er nicht das Wasser reichen. Seit ich Kiara von nahem erlebt habe, finde ich die Ausbrüche meines Ehemannes erträglicher, wenn nicht gar vergleichsweise zahm. Die Löwin hat mich gegen das sporadische Knurren meines Gatten desensibilisiert, wofür ich ihr zu Dank verpflichtet bin.

Die grundlegende Lehre, die ich also zog, war folgende: Ich musste in den Spiegel sehen. Das ist letztendlich die Quintessenz des Abrichtens exotischer Tiere. Ich musste mich ändern. Ob es mir gefiel oder nicht, es lag bei mir.

Ich begann, mein eigenes Verhalten zu analysieren. Ich überlegte, welchen Anteil mein Handeln an dem meines Mannes, meiner Schwester oder des jungen ungeduldigen Dings vor dem Bankautomaten hatte. Was konnte ich anders machen?, fragte ich mich. Normalerweise hätte ich mich ausschließlich auf das konzentriert, was ich zu jemandem sagen sollte. Wie ein Diplomat – oder eben eine Autorin – wog ich die Worte sorgfältig ab, mit denen ich Scott bat, seine noch endlos nach unserem Wochenendausflug vor sich hingammelnden Koffer auszupacken. Oder verkünstelte mich an dem Satz, mit dem ich dem Nachbarn erklären wollte, dass ich nicht begeistert von seinem Sperrmüll in meinem Garten war.

Nicht, dass ich überhaupt keine Worte mehr benutzen wollte; aber sie sollten nicht mehr das Einzige sein, womit ich arbeitete. Statt wie besessen über die richtige Formulierung nachzugrübeln, machte ich mir zusätzlich Gedanken darüber, wie ich etwas sagen wollte, über Timing und Körpersprache. Ich übernahm das Motto der Trainer: «Es ist niemals die Schuld des Tiers.» Das ist leichter anzuwenden, wenn das Tier kein menschliches Tier ist, denn manchmal ist es eben doch die Schuld des menschlichen Tiers. Aber es zwang mich darüber nachzudenken, wie ich mein eigenes Verhalten einsetzen konnte, das *einzige* Verhalten, über das ich die Kontrolle habe. Diese gedankliche Verschiebung verlangte mir viel ab. Doch plötzlich hatte ich ein neues Werkzeug zur Verfügung – mich.

Nicht persönlich nehmen

Trotz unseres großen, faltigen Gehirns sind wir Menschen eine eher kurzsichtige, mit uns selbst beschäftigte Bande. Wenn wir Beutetiere am unteren Ende der Nahrungskette wären, statt ganz oben herumzutänzeln, wären wir vielleicht einfühlsamer. Doch so betrachten wir die Welt ausschließlich aus unserer begrenzten Perspektive und gehen ganz selbstverständlich davon aus, dass der Rest des Tierreichs das ebenfalls tut. Wir «anthropomorphisieren» also unaufhörlich, projizieren alle möglichen menschlichen Eigenschaften, Motivationen und Begabungen auf alles, was Fell, Federn oder Schuppen trägt. Wir glauben, Hunde zerkauten unsere neuen, sündhaft teuren Pumps aus reiner Gehässigkeit. Tun sie nicht. Wir sehen das wie zum Lächeln geöffnete Maul der Delphine und bilden uns ein, sie wären freundlich. Aber sie beißen und sie rammen einen, manchmal rammen sie einen erst und beißen dann zu. Nicht vergessen: Alles, was einen Mund hat, beißt. Wir setzen voraus, dass jedes Tier in Gefangenschaft sich nach Freiheit sehnt. Aber wissen können wir das eigentlich nicht. Mal abgesehen davon, dass Freiheit ein menschliches Konzept ist. Um das Verhalten von Tieren zu erklären, bemühen wir die Argumentation eines Predigers (ein Puma, der es wagt, Menschen zu attackieren, wird rasch als böse tituliert) oder eines Hobby-Freudianers (mein Papagei hat mich gebissen, weil er eifersüchtig auf meinen Freund ist). Wie der Meister-Vogeltrainer Steve Martin kommentierte: In diesem Fall würde der Papagei den Freund beißen. Papageien verschieben, rationalisieren oder sublimieren nicht.

Der gefühlsduselige *Homo sapiens* unterstellt gerne, dass jede Kreatur, ob groß oder klein, sich gern den Kopf tätscheln, umarmen oder gar küssen lässt. Nur weil wir unbedingt unsere Arme um einen Orang-Utan, Seelöwen oder kleinen Panda schlingen möchten, muss der Orang-Utan, Seelöwe oder kleine Panda das noch nicht schätzen oder überhaupt gestatten. Für viele Tiere bedeutet umarmt zu werden, verschlungen zu werden. Tiere können lernen, von Menschen angefasst zu werden, aber genau darum geht es: Sie müssen ein Verhalten, das wir für selbstverständlich halten, erst lernen. Alle Delphine in den Interaktionsprogrammen von SeaWorld wurden darauf abgerichtet, gestreichelt zu werden. Selbst dann ist das Anfassen für sie noch weniger ein Fest der Liebe als eine stark reglementierte Angelegenheit, in etwa wie eine Audienz bei der englischen Königin. Das muss es auch sein. Als ich meinen ersten und einzigen Delphin umarmte, musste ich sorgfältig die Instruktionen des Trainers befolgen. Er schärfte mir ein, ihn nur hinter dem Blasloch zu berühren und meine Hände nicht in die Nähe der Augen zu bringen. Danach stieg ich auf Anweisung des Trainers in das kalte, salzige Wasser und ging auf ein Knie. Er gab dem Delphin das Kommando, über meinen Oberschenkel zu schwimmen, bis er leicht auf meinem Bein ruhte. Erst dann gab der Trainer mir das Signal, meine Arme um das Tier zu legen. Ich tat es zaghaft, merkwürdig verlegen ob meiner Menschlichkeit, meines Bedürfnisses, dieses anmutige graue Tier zu umschlingen. Die Sache mit den Delphinen ist, sie können einen nicht zurückumarmen. Aber er wandte mir ein schwarzes Auge zu. Ich war nicht geheilt; ich hatte auch keine Erleuchtung, abgesehen davon, dass Delphine sich so glatt und fest anfühlen wie ein Fahrradschlauch. Trotzdem lächelte ich stumm, so wie man es bei einem einmaligen Erlebnis tut. Der Delphin hielt still und wartete auf ein vielmaliges Erlebnis – einen Fisch zu bekommen.

Trainer wissen, dass Menschen zwar auch Tiere sind, Tiere aber keine Menschen. Diese festverwurzelte Selbstbezogenheit unserer Spezies, dieser natürliche Reflex, praktisch alles, was sich bewegt, zu vermenschlichen, muss von den Trainern überwunden werden. Und das tun sie aus sehr praktischen Gründen. Eigene Gefühle und Eigenschaften auf ein Tier zu projizieren kann zu schlechten Entscheidungen führen. Ein Trainer denkt vielleicht, ein Tier möchte ein bestimmtes Verhalten nicht ausführen, weil es gelangweilt ist. In Wirklichkeit aber begreift das Tier einfach nicht, was es tun soll, oder ist physiologisch nicht in der Lage dazu. Wenn ein Trainer glaubt, ein Tier «mag» ihn, dann geht er unter Umständen Risiken ein. Es wird sogar vermieden, ein Verhalten als «gut» oder «schlecht» zu bezeichnen. Trainer wissen, dass es noch für das schlechteste Verhalten einen guten Grund gibt, sogar für einen Angriff.

Selbst ein Tier klug oder dumm zu nennen, ist eine Vermenschlichung. Die Einteilung in Genie oder Tölpel beruht auf *unserem* engen Konzept von Intelligenz und kann einen Trainer anfällig dafür machen, zu viel oder zu wenig von einem bestimmten Individuum oder einer Spezies zu verlangen. Seit mehr und mehr Zoos mit ihren umfassenden Sammlungen professionelle Trainer anheuern, werden Tiere abgerichtet, die früher niemals jemand in Betracht dafür gezogen hätte: Pfeilgiftfrösche, gefleckte Adlerrochen, Nashörner, Alligatoren. Der Witz an der Sache ist, dass Intelligenz nichts damit zu tun hat, wie gut oder schlecht man ein Tier abrichten kann. In den Worten Karen Pryors: Die Prinzipien progressiven Trainings funktionieren bei jedem, von Guppys bis zu Harvard-Professoren.

Wenn ich wie eine Tiertrainerin denken sollte, dann musste ich ebenfalls aufhören, zu vermenschlichen. Vor allem musste ich aufhören, Menschen zu vermenschlichen. Das bedeutete, die Handlungen anderer nicht persönlich zu nehmen, vor allem nicht die meines Mannes. Früher hatte ich einen Haufen stinkender Fahrradklamotten auf dem Fußboden als Affront gegen mich verstanden, als Symbol dafür, dass ich Scott nicht wichtig genug war. Nun betrachtete ich Scotts Verhalten und auch das anderer Menschen mit einem viel kühleren Kopf. Gute Trainer begreifen ein Verhalten als genau das – als ein Verhalten. Sie denken nicht darüber nach, wer recht oder unrecht hat, wem etwas wichtig ist oder nicht, wer klüger oder attraktiver ist. Sie vermeiden moralische Anforderungen, ob nun ausdrücklich oder angedeutet, im Sinne von: «Das Tier sollte für mich *Sitz* machen wollen.» Sie projizieren nicht ihre eigenen Motivationen, Stimmungen oder Neurosen auf das Tier.

Langsam, aber sicher verstand auch ich ein Verhalten einfach nur als ein Verhalten, eher vergleichbar der Funktionsweise einer Uhr denn einer Spiegelung meiner eigenen Vorstellungen oder einer Art mittelalterlichem Sittenstück im Miniaturformat. Ich stellte die moralische Anspruchshaltung ein, wie zum Beispiel «Scott sollte seine Kleider aufheben wollen». Oder, wie Jennifer Anistons Filmfigur in *Trennung mit Hindernissen* fordert: «Ich will, dass du den Abwasch machen *willst*.» Ich gewann auf eine positive Art Abstand. Statt mich zu fragen, warum Scott *mir* dieses oder jenes *an*tat, fragte ich jetzt, warum er dieses oder jenes tat. Punkt. Kein *ich* oder *mich* in der Gleichung. Ich stieß auf ganz neue Antworten, manche davon so offensichtlich, dass sie überraschten.

Scott ließ seine Fahrradklamotten nicht deshalb auf dem Boden liegen, weil er mich nicht liebte. Sondern weil es schlicht und ergreifend praktisch war. Er dachte sich, er könnte sie später nach dem Duschen aufräumen, was er dann aber häufig vergaß. Er hat ein schlechtes Gedächtnis und einen noch schlechteren Geruchssinn. Allmählich dämmerte mir, dass mein Gatte den Gestank kaum wahrnahm, der für mich das Haus mit Dämpfen wie nach einem Vulkanausbruch erfüllte. Ich bin bei uns diejenige mit dem empfindlichen Rüssel.

Warum kommt er so oft zu spät, wenn er mich an Busbahnhöfen oder Flughäfen abholt? Wenn die Tour de France im Fernsehen läuft, dann ist das der Grund. Aber normalerweise liegt es daran, dass er nicht das allerbeste Zeitgefühl hat, noch nie hatte. Ständig entsetzt ihn der Blick auf die Uhr. Gleich, wie sehr er mich liebt, diese Liebe kann einen so fest verankerten Wesenszug nicht außer Kraft setzen. Ich kann nicht behaupten, dass diese Erkenntnis es weniger ärgerlich macht, als Letzte vor dem Flughafen zu stehen und nach unserem Kombi Ausschau zu halten. Aber ich betrachte es nicht länger als Lackmustest für Scotts Ergebenheit mir gegenüber.

Die Handlungen des eigenen Ehegatten nicht persönlich zu nehmen ist befreiend, aber keine leichte Aufgabe. Partner haben großen Einfluss auf das Leben des jeweils anderen, und selbstverständlich sind manche Verhaltensweisen tatsächlich kränkend gemeint und *sollten* persönlich genommen werden. Aber ich erkannte, dass ich wie viele andere früher allzu häufig etwas persönlich nahm, dass ich Beleidigungen sah, wo keine beabsichtigt waren. Sicherlich, in einer Idealwelt würde Scott mir mit jeder seiner Handlungen, selbst mit seinen Motivationen seine tiefe, unvergängliche Liebe ausdrücken. Er würde seine Fahrradmontur aufheben *wollen*, weil mich glücklich zu machen sein Daseinszweck wäre. Und in der Amy-Welt könnte ich auch fliegen, meine Hunde könnten sprechen, fröhliche Menschenmengen würden im Chor meinen Namen skandieren, und teure Designerschuhe würden einfach so am Strand in der Nähe meines Hauses zur freien Verfügung angespült. Träumen kann man ja. Oder man kann denken wie ein Tiertrainer.

Ich bemühte mich um einen neutraleren Blick auf andere Menschen in meinem Leben. Warum wurde meine Mutter so wütend, wann immer ich das Thema Hörgerät aufbrachte? Weil ich dann normalerweise einen Rückzieher machte, sprich: Es funktionierte. Darüber hinaus schrie allein der Gedanke an ein Hörgerät «alt», was ihre noch immer junge Seele aufwühlte. Sie war wütend, weniger auf mich als auf das Leben.

Warum konnte man mit einer engen Freundin von mir so schlecht ein paar Wochen im Voraus Verabredungen treffen, zum Beispiel zum Abendessen oder zum Einkaufsbummel? Nicht, weil sie unsere Freundschaft nicht wertschätzte, wie mir klar wurde. Sondern weil ich – ohne Kinder und mit flexiblen Arbeitszeiten – eine ihrer wenigen Bekannten war, die auch mal etwas in letzter Minute ausmachen konnte. Wie viele Leute mittleren Alters war ihr Leben mit zwei Kindern und einem Job stark verplant. Ich bin eines der wenigen spontanen Elemente darin. Ich glaube, sie wollte sich das erhalten.

Ich stellte fest, dass ich sogar mein eigenes Verhalten persönlich nahm. Dass ich meine Handlungen als Beweis für meine abgrundtiefen Charakterfehler begriff, wo ich es nicht sollte. Also hörte ich auf, mich selbst zu vermenschlichen, und überlegte ganz neu, warum ich so durch den Tag haste. Nicht, weil ich eine rasende Irre bin, wie ich immer angenommen hatte; sondern einfach, weil zwei Berufe, Kellnern und Zeitungsjournalismus, mich darauf abgerichtet haben, keine Sekunde zu verschwenden. Die Arbeit im Restaurant hat mich derart auf Multitasking trainiert, dass ich nicht vom Wohnzimmer in die Küche gehen kann, ohne das Licht an- oder auszumachen, alte Zeitungen und leere Kaffeetassen einzusammeln und das Tischtuch im Vorbeigehen zurechtzuzupfen. Und das alles in einem Tempo, das meinen Mann schwindlig macht.

Zurück zu der jungen Frau am Bankautomaten. Warum seufzte sie so ergreifend hinter mir? Nicht, weil sie eine Zicke war, sondern weil sie es eilig hatte und wollte, dass ich einen Zahn zulege. Dieses aggressive Schauspiel hat vermutlich bei ihr schon Hunderte von Malen funktioniert. Sie war ein Pfau, der sein Rad schlägt, ein Schimpanse mit aufgestelltem Fell, ein Wolf mit gefletschten Zähnen. Das lautstarke Schnauben war ein Ventil für ihre Frustration, ein Weg, diese adrenalinbefeuerte Angst abzubauen, einen Kampf zu gewinnen, ohne wirklich zu kämpfen. Na gut, und außerdem war sie vielleicht auch eine Zicke. Trotz alledem hätte ich jeder sein können. Sie hatte es nicht auf mich, Amy Sutherland, abgesehen, sondern auf die Person, die den Bankautomaten blockierte.

Warum also bremste ich mich mitten im Laden beider verbalen Gewehrläufe, zumal ich eine so gute Schützin bin? Weil mir klar wurde, dass ich auf den ganzen nervtötenden Austausch emotional reagierte, persönlich. Und das war nur der eine Fehlgriff aus Sicht eines Tiertrainers. Zudem erwiderte ich ihr Brüllen. Ich reagierte auf das, was sie sagte, wo ich eigentlich das hätte ignorieren sollen, was sie tat: Streit anfangen. Sie war der Affe, der an meinem Pferdeschwanz zog, und statt mich meinen Instinkten zu widersetzen, ließ ich mich von ihnen antreiben, zog mit aller Kraft zurück und machte es dadurch für sie umso unterhaltsamer. Meine Selbstbeherrschung war ganz offensichtlich hinüber. Zeit für mich, den Käfig zu verlassen, gewissermaßen.

Ich holte also meinerseits tief, aber schweigend Luft, machte den Mund zu, schnappte mir meine Quittung und stopfte sie in die Handtasche. Während ich ohne einen weiteren Blick in den Rückspiegel losfuhr, hörte ich das Jungtier hinter mir einen letzten übertriebenen Seufzer ausstoßen. In meinem Wagen, wo sie mich ja nicht sehen konnte, reagierte ich – mit einem Lächeln.

Richtige Voraussetzungen schaffen

Im Lehrzoo des Moorpark College ließen die Schüler Sequoia, die Maultierhirschkuh, in Ruhe, wenn die Ostwinde tobten. Das sonst so sittsame Tier verabscheute die heißen Böen und sprang gegen seinen Gehegezaun, wenn sie bliesen. Die großen Schlangen wurden während ihrer Häutung nie angefasst. Denn dann lockert sich auch die Haut um die Augen herum und trübt ihren Blick. Das kann eine Boa oder eine Anakonda schon ein bisschen schreckhaft machen, besonders, wenn eine verschwommene Hand nach ihr greift. Eine sich häutende Schlange neigt stärker zum Beißen. Darüber hinaus könnte die, aus Sicht des Reptils, nervenaufreibende Erfahrung die Einstellung der Schlange zum Anfassen im Allgemeinen beeinflussen. Beim nächsten Mal wäre es möglicherweise schwieriger, Precious, die gelbe Anakonda, hochzuheben, ob sie sich gerade häutet oder nicht.

Trainer wollen, dass ihre Tiere ihre Sache gut machen. Oder, mit ihren Worten: «Man muss die richtigen Voraussetzungen für den Erfolg schaffen.» Das geschieht auf zahlreiche Arten, vom Setzen realistischer Erwartungen (um die Tiere nicht zu frustrieren) bis hin zu kurzen Trainingseinheiten (um die Tiere nicht zu langweilen). Genau deswegen auch lässt man ein Tier in Ruhe, wenn es – aus welchem Grund auch immer – einen schlechten Tag hat. Eine frischgebackene Kamelmutter ist nicht in der Stimmung, sich auf Kommando hinzusetzen. Ein kranker Seelöwe kann nicht auf dem Schwanz stehen. Ein Beluga, der von einem anderen Wal drangsaliert wird, kann sich vermutlich schwer auf ein Handsignal konzentrieren. Mit einem schlecht aufgelegten Tier vergeudet ein Trainer nicht nur Zeit; das ganze Training könnte zu einer negativen Erfahrung werden. Das ist ein weiterer Grund, warum man ein scharfer Beobachter und gleichzeitig sich seiner selbst sehr bewusst sein muss. Denn die richtigen Voraussetzungen zu schaffen ist keine Einbahnstraße. Beide Tiere, sowohl der Trainer als auch der zu Trainierende, brauchen passende Voraussetzungen. Aus diesem Grund arbeitet kein Trainer, wenn er selbst krank, zerstreut, unleidlich oder einfach nur emotional bewegt ist. Denn dann ist er nicht wachsam genug. Worunter das Timing leidet oder, schlimmer noch, dem Trainer entscheidende Feinheiten der Körpersprache entgehen könnten.

Was, wenn Tier und Trainer beide einen schlechten Tag haben? Eines Sommerabends im Jahre 1928 trat die damals weltberühmte Tigerdompteurin Mabel Stark in Bangor, Maine, für eine Zirkusvorstellung zu ihren Katzen in den Käfig. Umgehend bissen zwei Männchen, Sheik und Zoo, einige große Stücke aus der zierlichen Trainerin in ihrem weißen Lederanzug heraus. Und das war nur der Anfang. Zwei Jahre und wiederholte Krankenhausaufenthalte brauchte Stark, um davon zu genesen. Wie sich herausstellte, hatten die Tiger kein Abendessen erhalten und den ganzen Tag auf feuchtem Heu gelegen. Die Tiger waren nicht gefüttert worden, weil der Zirkus verspätet in der Stadt eingetroffen war. Was war mit Mabel Stark? Aus demselben Grund war vielleicht auch sie abgehetzt. Kein idealer Gemütszustand, selbst für die beste Tigerdompteurin.

Wie Mabel Stark damals gehen so viele von uns, bildlich gesprochen, in den Käfig, wenn wir es nicht sollten. Kann man mit einem müden, hungrigen, kranken oder wütenden Kind vernünftig reden? Nicht, soweit ich bisher beobachtet habe. Kann man mit einem müden, hungrigen, kranken, wütenden oder verkaterten Freund, Ehepartner, Elternteil, Angestellten oder Chef vernünftig reden? Meiner Erfahrung nach nicht. Trotzdem lassen viele Leute nicht locker. Oft suchen wir uns den schlechtesten Moment aus – meinetwegen wenn jemand außer sich ist über den Verlust eines Haustiers, Portemonnaies oder Lottoscheins –, um unsere Botschaft kundzutun («Wenn du die Leine benutzen, besser auf deine Sachen aufpassen, den Schein immer an seinen Platz legen würdest, dann wäre das nicht passiert!»). Wir meinen es gut, aber diese Botschaft stößt üblicherweise auf taube Ohren und kann einen Gegenschlag provozieren. Menschen sind, genau wie Tiere, nicht in Stimmung für Belehrungen, wenn sie missgelaunt sind. Ich jedenfalls nicht. Wenn mein Asthma sich auch nur ansatzweise meldet, dann kann ich an nichts als an diese wenig hilfreichen Luftbeutel denken, auch bekannt als meine Lungen. Wenn mein Blutzucker absinkt, dann prallen sämtliche Informationen, die nichts mit Käsetoast zu tun haben, von mir ab. Ich verliere nicht leicht die Beherrschung, aber wenn es passiert, dann bin ich stocktaub gegenüber jeglicher Diplomatie. In so einer Situation funktionieren gute Ratschläge bei mir ungefähr so gut wie bei einem erbosten Nashorn. Am besten hält man den Mund und springt hinter den nächsten Baum. Gleichermaßen versuche ich nicht zu «trainieren», wenn ich schlecht ge-

launt, traurig oder in Eile bin. Ich bin dann nicht in der Verfassung, mein Verhalten zu kontrollieren, speziell meine Zunge. Wenn die Chancen auf jegliche Art produktiver Interaktion nicht gut stehen, dann sollte man den Käfig nicht betreten.

Wie ein professioneller Trainer begann ich, die passenden Momente sorgfältiger auszuwählen. Jetzt ist zum Beispiel keiner. Scott und ich sind wieder mal spät dran. Keiner von uns ist besonders pünktlich, und deshalb rasen wir durch die Dunkelheit zu einem Abendessen. Scott verflucht die Uhrzeit und drückt aufs Gas, als die Ampel auf Rot schaltet. Während wir durch eine weitere «Dunkelgelb»-Phase segeln, umklammere ich die hölzerne Salatschüssel auf meinem Schoß. Ich hatte schon mehr als einen Autounfall, und einer davon brachte mich ins Krankenhaus und hinterließ eine saubere, aber lange Narbe entlang meiner Wirbelsäule. Motorisierte Fahrzeuge können mich durchaus nervös machen, vor allem, wenn Scott rast. Trotzdem sage ich dieses Mal kein Wort.

Scott jetzt zu bitten, langsamer zu fahren, wäre wie eine sich häutende Schlange hochzuheben. Und ich könnte ebenso gut auch meine Haut abstreifen. Also vergewissere ich mich nur, dass mein Gurt fest eingerastet ist, und ziehe mich an meinen Glücksplatz zurück, das Einkaufsparadies in meinem Kopf.

VIER

Die Eigenarten der Arten

Man betrachte *Elephas maximus* einmal vom Standpunkt eines Trainers aus. Wichtig ist, zum Beispiel, dass der Indische Elefant ein Herdentier ist, nicht gern allein ist und auf Hierarchien reagiert. Sein wundersamer Rüssel ist stark genug, einen Baumstamm zu tragen, aber gleichzeitig geschickt genug, eine Münze vom Boden aufzuheben. Wegen ihrer Masse können Elefanten nicht springen, aber sie können auf den Hinterbeinen oder auf dem Kopf stehen. Als nimmersatte Pflanzenfresser futtern sie rund um die Uhr vor sich hin und verschlingen pro Tag bis zu einhundert Kilo Rinde, Zweige, Blätter, Schoten, Früchte und Gras. Weswegen sie sich auch regelmäßig großzügig entleeren. Sie leben in einem gnadenvollen Zustand, mit dem nur wenige Spezies gesegnet sind: Im Grunde genommen sind sie weder Beute noch Jäger.

Diese kleinen Nebensächlichkeiten haben für einen Trainer praktische Bedeutung. Zunächst einmal, dass es keinen Zweck hat, dem größten Landsäugetier der Welt das Springen beizubringen. Worauf man ihn allerdings angesichts seines kräftigen, aber doch biegsamen Rüssels abrichten kann, ist, einen Menschen sanft hochzuheben. Da sie solche Vielfraße sind, reagieren sie sehr bereitwillig auf Belohnungen, besonders Bananen, Wassermelonenstücke und Palmwedel. Die ungeheuren Mengen von Hinterlassenschaften wiederum bedeuten, dass man mehr Zeit mit Ausmisten verbringt als mit dem Training. Dass sie keine Jäger sind, hat den Vorteil, dass sie einen nicht als Abendessen betrachten, wie es vielleicht ein Löwe täte. Wobei sie einen in Anbetracht ihrer Größe dennoch mit Leichtigkeit töten können.

Die besten Tiertrainer lernen, so viel sie können, über eine Spezies: ihre Entwicklungsgeschichte, Nahrungsgewohnheiten, Anatomie, Sozialstruktur und den natürlichen Lebensraum. Sie wollen erfahren, was eine Tierart möglicherweise verängstigt, ob sie um sechs Uhr morgens auf den Beinen ist oder um sechs Uhr abends, ob sie gern für sich bleibt, ob sie ihr Abendessen erjagt, selbst Abendessen ist oder beides.

Sie büffeln das Einmaleins einer Spezies, weil all diese Informationen bedeutsam sind, wenn es ans Trainieren geht. Mit einem Wintertier wie beispielsweise einem Polarfuchs arbeitet man besser nicht in der Sonne. Er wird dahinschmelzen, bevor man ihm das Pfotegeben beibringen kann. Von einem Nachttier kann man um die Mittagszeit nicht viel erwarten. Den Großteil seiner Energie würde man damit vergeuden, die Schlafmütze aufzuwecken. Viel Glück damit, einem Walross das Apportieren beizubringen. Sie neigen dazu, alles zu schlucken, was ihnen ins Maul gerät. Einen Hirsch, da ein Beutetier, sollte man nicht in der Nähe des Bengalischen Tigers, eines Räubers, trainieren. Mit einem solch eindrucksvollen Gebiss in unmittelbarer Nachbarschaft könnte sich der Hirsch unmöglich konzentrieren. Selbst wenn das Gebiss in einem Käfig sitzt.

Obwohl moderne Trainer dieselben Grundprinzipien auf die Arbeit mit allen Tieren anwenden, dürfen sie nicht alle gleich behandeln. Ein Vorgehen nach Schema F würde scheitern, da Mutter Natur die Vielfalt schätzt und demzufolge das Tierreich vor Individualität überschäumt. Wie es der legendäre Hubert Wells ausdrückte: «Von Spezies zu Spezies gibt es keine zwei Tiere, die gleich sind, nicht einmal zwei Insekten.»

Ein Spinnerdelphin beispielsweise hat im Gegensatz zu seinem Cousin, dem Großen Tümmler, nicht viel für Spielzeug oder Herumtollen oder menschliche Berührung übrig. Fischotter erforschen alles mit ihrer Nase; Seeotter wiederum sind Experten darin, mit ihren Pfoten nach Nahrung zu stöbern. Man bringt also einem Fischotter bei, einen Ball mit der Schnauze zu berühren, und einem Seeotter, mit der Pfote. Afrikanische Elefanten gelten allgemein als übermütiger und aggressiver, ganz abgesehen davon, dass sie größere Stoßzähne haben als der vergleichsweise sanftmütige Indische Elefant. Man kann auch Afrikanische Elefanten abrichten, aber die Indischen sind bereitwilligere und nicht zuletzt auch weniger gefährliche Schüler, besonders die Weibchen.

Ein guter Trainer lernt außerdem, so viel er kann, über das individuelle Tier, und zwar über seine artspezifischen Schrullen hinaus: Wo es gern ein Nickerchen macht, seine besten Freunde und Lieblingsspielzeuge, seinen Gesundheitszustand, seine Lebensgeschichte. Die beiden Grünen Paviane im Lehrzoo hatten sehr unterschiedliche Persönlichkeiten und sehr unterschiedliche Werdegänge. Olive, die Nervöse, wurde als Jungtier in freier Wildbahn eingefangen und wuchs dann allein auf, was für ein von Natur aus geselliges Tier niemals förderlich ist. Folglich hatte sie diverse neurotische Angewohnheiten. Zum Beispiel spielte sie mit ihren Füßen, als wären es Puppen, und wenn sie aufgebracht war, insbesondere wenn in der Nähe ihres Käfigs geputzt wurde, schüttelte sie sich wild und schlug sogar mit dem Kopf gegen ihre Höhlenbox. Rosie hingegen, die Selbstsichere, wurde in Gefangenschaft von Hand aufgezogen. Sie fühlt sich in Gegenwart von Menschen wohl und ist im Allgemeinen glücklich und zufrieden. Häufig liegt sie faul auf dem Rücken auf einem an der Wand angebrachten Brett in ihrem Gehege, den Kopf auf einem Arm ruhend. Bei der Arbeit mit Olive lag der Schwerpunkt darauf, sie zu beschwichtigen und ihr Selbstbewusstsein aufzubauen. Rosie brachten die angehenden Trainer vor allem diverse neue Verhaltensweisen bei, wie eine Klingel zu betätigen oder ihnen auf den Arm zu springen.

Details wie Größe, Geschlecht und Alter spielen auch eine Rolle. Bei jungen Tieren reicht unter Umständen die Aufmerksamkeitsspanne nicht für bestimmte Übungen aus. Alten Tieren mangelt es dagegen vielleicht an körperlicher Kraft und Gesundheit. Schmoo, die alte Seelöwendame im Lehrzoo, war mit ihren knarrenden dreiundzwanzig Jahren immer noch beängstigend gewieft; aber sie hatte grauen Star, weshalb sie die Handzeichen nicht mehr klar erkennen konnte. Also verlegten sich die Jungtrainer auf verbale Kommandos. Dann ließ Schmoos Gehör nach. Manchmal musste man ihren gurgelnden Wasserfilter abstellen, damit die Seelöwin einen hören konnte.

Die Spezies in meinem Leben

Voller Tatendrang wandte ich meinen Trainerblick der liebenswerten, aber manchmal unergründlichen Spezies zu, die man als *Amerikanischen Ehemann* kennt. Dabei handelt es sich um ein hierarchisch und territorial orientiertes Tier, besonders in Situationen, die das Halten einer Fernbedienung oder das Regeln der Bässe an der Stereoanlage betreffen. Es ist scharfsichtig, aber gleichzeitig nachtblind und kühlschranklichtblind. Es ist unfähig, höhere Dezibelwerte wahrzunehmen, besonders solche, aus denen eheliches Sprechen besteht. Viele Angehörige dieser Spezies ernähren sich überwiegend von Fleisch, unter anderem Rind, Schwein, Vogel, außerdem von Vogeleiern und Getreide, Letzteres vorzugsweise in vergorener oder zu Chips gepresster Form. Manche halten während der kalten Jahreszeit einen Winterschlaf, auch bekannt als Football-/Basketball-/Eishockey-Saison. Manche halten während der warmen Jahreszeit einen Winterschlaf, auch bekannt als Baseball-Saison. Einige sind sehr geschickt mit Werkzeug, wenn auch viele sich damit zufriedengeben, das Werkzeug zu besitzen.

Die Subspezies namens Scott ist ein Einzelgänger, aber ein Alphamännchen. Hierarchie ist also von Bedeutung, sich in Gruppen aufzuhalten hingegen nicht so sehr. Er hat den Gleichgewichtssinn und die Anmut eines Lemuren, bewegt sich aber so langsam wie ein Faultier, wenn er sich zum Ausgehen bereit macht. Skifahren liegt in seiner Natur, pünktlich zu sein nicht. Er ist tagaktiv, kann aber leicht so nachtaktiv wie ein Jaguar werden, besonders wenn er einen neuen Schatz von Borat-Videos auf YouTube entdeckt. Sein natürlicher Lebensraum sind die kühlen Breiten von Minnesota, wo der Schnee üppig ausfällt und die Gespräche nicht. Mit seinen eins dreiundachtzig ist er größer als für seine Spezies typisch, außerdem auch klüger. Sein Gedächtnis allerdings ist unberechenbar. Er kann beinahe jeden beim Trivial Pursuit schlagen, aber nur weil das Spiel keine Fragen enthält wie: «Wo ist deine Brieftasche?» Er liebt Schlangen, erschaudert aber beim Anblick von Spinnen, mehr oder weniger seine einzige Angst. Er braucht Bewegung, und zwar so viel, dass er leicht einen Käfig-Koller erleiden kann, wenn er nicht regelmäßig Auslauf mit seinem Fahrrad bekommt oder tagelang in einem Büro eingepfercht ist. Er ist ein Allesfresser und das, was Trainer als «futtergesteuert» bezeichnen. Dennoch kann er, wie eine Raubkatze, notfalls den ganzen Tag mit einer einzigen, gewaltigen Mahlzeit auskommen, sagen wir, einem hohen Stapel von meiner Wenigkeit hergestellter und in Sirup ertränkter Buttermilch-Pancakes. Seine Lieblingsruhestatt: das Badezimmer, wo er liest. Sein Käfiggenosse: ich.

Was ist mit den anderen menschlichen Tieren in meinem Leben? Meine Mutter ist ein geselliges Wesen, interessiert sich aber nicht die Bohne für ihre Stellung in der Rangordnung. Sie läuft immer mit der Herde, selbst wenn die Herde einen steilen, mit Felsbrocken übersäten Pfad erklettert, selbst wenn sie über siebzig und nicht schwindelfrei ist, selbst wenn ihre Tochter die Wanderkarte vergessen hat. Sie ist gutmütig, bewacht aber eifersüchtig ihre Nahrung, insbesondere gesalzene Erdnüsse, und wird aggressiv, wenn man sie ein Landei nennt oder die Anschaffung eines Hörgeräts vorschlägt. Ähnlich dem Opossum ist sie ein Allesfresser (einmal hat sie im Wartezimmer eines Arztes ein Blatt von einer Pflanze gegessen) und teilweise auch ein Nahrungsdieb. Aus einer Narkose erwachend, ertappte ich sie dabei, wie sie mein Krankenhausessen verspeiste: «Das schmeckt gar nicht so schlecht», verkündete sie, während sie sich eine Gabel schlaffe grüne Bohnen in den Mund schob. Sie ist tagaktiv, liebäugelt aber mit Nachtaktivität, was üblicherweise in lautes Schnarchen während der Elfuhrnachrichten resultiert. Im Gegensatz zu den meisten Menschen ihres Alters lechzt sie immer noch nach Neuheiten und Aktivität, was ihr Verhalten extrem plastisch macht, wie ein Trainer es nennen würde. Außerdem ist sie abnorm stark und überlegt nicht lange, ob sie einen Fünfundzwanzigkilosack Gartenerde tragen sollte. Abgesehen von ihrer Höhenangst fürchtet sie sich vor nichts. Außer vor Langeweile.

Innerhalb der Spezies *Jüngerer Bruder* gibt es die Unterart Andy. Er ist in der Hinsicht typisch für seine Spezies, dass er sich seinen Spieltrieb ins Erwachsenenalter gerettet hat. Dies findet zum Beispiel darin Ausdruck, dass er mich bittet, an seinem Finger zu ziehen, und dann laut rülpst, während ich gerade einem Radiosender live ein Telefoninterview gebe. Mit einer Größe von einem Meter fünfundneunzig und einem Gewicht von einhundertzehn Kilo ist Andy groß für seine Art und kann dementsprechend, ähnlich wie ein Elefant, leicht jemanden aus Versehen verletzen. Zum Beispiel, indem er einen umpflügt, weil er demonstrieren möchte, dass er auch auf einem Ski fahren kann, jedenfalls fast. Ebenfalls ähnlich wie ein Elefant ist er stark. Er hat einen schwarzen Gürtel in Karate, kann innerhalb von Minuten eine Gipswand niederreißen, einschließlich der Stützleisten darin, und – von besonderer Bedeutung für mich während meiner Mietwohnungsphase – er kann ein mobiles Raumklimagerät schultern. Soviel ich weiß, plagen ihn keine Ängste. Er ist futtergesteuert, besonders in Anbetracht der Tatsache, dass Nahrung (und zwar ungeheure Mengen davon) zur Produktion des Treibstoffs benötigt wird, der den Schlüssel zu seinem Spieltrieb bildet. In der Hitze verwelkt er, weswegen er bei der erstbesten Gelegenheit von seinem Heimathabitat Cincinnati nach Denver zog. Dort in der trockenen Luft und dem Sonnenschein gedeiht er prächtig und scheint sogar irgendwie noch einige Zentimeter gewachsen zu sein.

Innerhalb der geselligen Spezies namens *Freundin* gibt es unter anderem die Unterarten Dana, Hannah, Becky, Nancy und Elise. Typisch für ihre Spezies sind sie alle hochgradig kommunikative Tiere, insbesondere Dana, deren natürlicher Lebensraum Ohio ist, wo Konversation und Freundschaft so leicht zu finden sind wie Früchte auf dem Dschungelboden. Sie alle haben außerdem ein scharfes Auge, und die meisten von ihnen lassen sich leicht von glänzenden Gegenständen ablenken, vor allem von der Sorte, die an den Ohrläppchen anderer Frauen hängen. Wie ein Wanderfalke sichtet Nancy einen auf die Hälfte reduzierten Kaschmirpullover von weitem und stößt in halsbrecherischem Sturzflug darauf hinab. Dennoch haben sie alle lange Aufmerksamkeitsspannen, sei es nun für die ausgiebige und herzzerreißende Schilderung, wie ich vier

Jahre lang mit winzigen Nadeln an einem Pulli strickte, der am Ende nicht passte; oder für detaillierte Debatten über Evolution, italienische Renaissance-Gemälde oder die ethische Bedeutung von Stammzellenforschung. Keine von ihnen ist klein für ihre Spezies. Die meisten sind sogar groß, was möglicherweise ihre allgemeine Gelassenheit erklärt. Sie sind nicht leicht einzuschüchtern. Ihre Ernährung schließt Wein, Kaffee, Schokolade und nicht durchgebratene Steaks ein. Hannah verträgt keine Milchprodukte und keinen Weizen. Becky schon, und mit Genuss. Elises Ernährungsgewohnheiten – kein Frühstück, manchmal kein Mittagessen und ein großes, frühes Abendessen – machen sie leicht dämmerungsaktiv, in etwa wie einen Wüstenluchs, diese Wildkatze mit den schicken Quasten an den Ohren, die im Zwielicht auf Vogeljagd geht.

Wenn ich denken soll wie ein Tiertrainer, muss ich mich außerdem selbst kennen. Was für eine Subspezies bin ich also? Ich bin stark tagaktiv und rege. Dementsprechend brauche ich, wie ein von Nektar lebendes Tier, eine stetige Versorgung mit Kalorien über den Tag hinweg. Ohne Brennstoff sacke ich zusammen. Angstauslöser sind unter anderem große Höhen, Spritzen und dunkle Keller. Dennoch bin ich das, was ein Trainer ein selbstbewusstes Tier nennen würde, darüber hinaus ein neugieriges. Zu viel Routine macht mich sogar unruhig. Wie meine Mutter benötige ich ständig Neues. Wie ein Seeotter kann ich den lieben langen Tag auf Beutezug sein und mit meinen Pfötchen Kleiderstangen im Schlussverkauf, Haushaltswarenläden oder auch meinen eigenen Schrank durchwühlen. Ich habe eine schlimme Stauballergie, eine der wenigen Eigenschaften, die meinen ausgeprägten Sammeltrieb bremsen können, besonders in Antiquitätengeschäften. Meine bevorzugte Ruhestätte: der Strand. Ich bin gesellig, brauche aber Einsamkeit, um zu lesen, zu denken und zu träumen.

Auf einer belebten Straße in der Stadt betrachte ich nun meine Mitprimaten – *Homo sapiens*. Wir, Männer wie Frauen, sind eine äußerst hierarchische Spezies, was wir täglich millionenfach im Kleinen und im Großen zum Ausdruck bringen: von unserem Tonfall im Gespräch miteinander bis hin zu der Frage, welches Land wo bei der UN sitzen darf. Wir sind außerdem territorial und markieren eifrig unser Revier, ob nun mit einer Picknickdecke oder einem Maschendrahtzaun. Unsere Spezies ist gleichzeitig gemeinschafts- und wettbewerbsorientiert und liegt sich unentwegt in den Haaren. Unser Sehvermögen ist fabelhaft, unser Gehör brauchbar und unser Geruchssinn unzulänglich. Beim Schlafen und bei der Paarung bevorzugen wir Privatsphäre, beim Essen aber nicht, selbst die Gefräßigen unter uns nicht. Wir sind so ausgeprägte Allesfresser, dass wir uns leisten können, beim Essen pingelig zu sein. Ja, wir verleihen sogar unserer Position auf der sozialen Leiter durch die Wahl unseres Hauptgerichts Ausdruck. Unser natürlicher Lebensraum ist mehr oder weniger überall, außer auf dem Mond (bisher). Wir bewegen uns grundsätzlich zweibeinig und zu Land fort, erklettern aber auch Bäume, schwimmen und können, dank unserer opponierbaren Daumen und der geschickten Verwendung von Werkzeug, auch fliegen. Unsere Gehirnkapazität ist hoch entwickelt, doch genau das ist das Schlüsselwort –

Kapazität. Rein physiologisch können wir auf dem Kopf stehen, Rad schlagen und Saltos springen, aber die meisten von uns lassen das lieber. Die jüngeren Angehörigen unserer Spezies sind, wie bei allen Tieren, lebhaft, sogar unbekümmert, was sie für uns reifere Vertreter etwas lästig machen kann. Wir sind langlebig, hauptsächlich weil auf uns noch weniger als auf Elefanten Jagd gemacht wird, abgesehen von gelegentlichen Hai- oder Grizzlybärattacken. Dementsprechend haben wir im Allgemeinen viel Selbstvertrauen, was unserer Neugier freien Lauf lässt, uns aber gleichzeitig leichtsinnig macht. Wir sind ausgeprägt kommunikativ, und zwar in solchem Maße, dass wir wie Papageien gerne auch kommunizieren um des Kommunizierens willen.

So eigenartig es auch ist, meine Mitmenschen auf diese Art und Weise zu betrachten, es dient einem bestimmten Zweck. Denn wenn ich für mein Tier die richtigen Voraussetzungen schaffen möchte, dann muss ich wissen, was seinem Naturell entspricht und was nicht. Scott zum Beispiel wacht – wie ein nachtaktives Tier, das zu früh geweckt wird – jeden Morgen auf, als kehrte er aus dem Totenreich zurück. Morgenflüge beziehungsweise alles, was mit Morgen zu tun hat, ist für meinen Mann eine Strapaze. Ihn vor sieben Uhr aus dem Bett zu kriegen ist, wie einem Walross das Apportieren beizubringen. Man kann es schaffen, aber auf dem Weg dorthin wird eine Menge Spielzeug verschluckt.

Besser ist es, die starken Seiten einer Spezies auszuspielen. Raubvögel können darauf abgerichtet werden, auf

Kommando zu jagen, da sie von Natur aus Jäger sind. Paviane springen hoch durch die afrikanische Savanne, daher ist es kein Problem, sie aufs Stichwort hopsen zu lassen. Dasselbe gilt für wilde Delphine, die im offenen Meer Saltos schlagen und Sprünge vollführen wie olympische Turner. Mit Scott ist es ähnlich. Als gebürtiger Minnesoter hat er einen Hang zu allem, was mit Schnee zu tun hat: darauf Ski fahren, ihn betrachten, darüber reden und – für mich am wichtigsten – ihn wegschippen. Ich muss ihm nur eine Schaufel reichen, und die Flocken fliegen. Er mag Kleider, Möbel und auswärts mittagessen, weshalb er im Gegensatz zu vielen anderen Ehemännern bereitwillig Einkaufstrips mit mir unternimmt. Dank seiner nachtaktiven Tendenzen kann er im Notfall die ganze Nacht aufbleiben, um ein Zimmer fertig zu streichen. Er ist anpassungsfähig und neugierig, was ihn zu einem idealen Reisegefährten macht, und außerdem furchtlos, was ihn dazu befähigt, einen Mietwagen durch eine fremde Stadt zu steuern.

Instinktives Verhalten ist ein zweischneidiges Schwert, es kann das Training leichter oder schwerer machen. Andererseits gehört es eben einfach zum Leben dazu. Manche Verhaltensweisen sind so hartnäckig, dass man sie niemals abtrainieren kann. Viel Spaß damit, einem Kamel das Spucken abzugewöhnen oder einer Brieftaube die Rückkehr in ihren Heimatschlag. Ein Fuchs ist zum Buddeln geboren und ein Papagei zum Putzen seines Gefieders. Selbst der beste Trainer wird Mühe haben, eines dieser Tiere vom Gegenteil zu überzeugen. Höchstwahrscheinlich wäre es nur eine Riesenzeitverschwendung für alle Beteiligten.

Wie ein Trainer habe ich akzeptiert, dass gewisse Verhaltensweisen möglicherweise zu tief verwurzelt sind, um sie zu ändern. Genau wie man einen Dachs nicht vom Graben abbringen kann, wird mein Mann unweigerlich seine Brieftasche und den Autoschlüssel verlieren. So wie Gänse im Winter gen Süden ziehen, so verbringt mein Mann einen beträchtlichen Teil des Julis vor dem Fernseher und verfolgt die Tour de France. Drei Wochen lang im Hochsommer erfüllen der Klang der adretten britischen Konsonanten des Kommentators Phil Liggett und das Klackern unzähliger Kettenschaltungen unser Haus. Außerdem ist mein Mann ein Badezimmerleser, wie ein Eisbär ein Fleischfresser ist. Selbst wenn ich alle Fahrradkataloge entferne und Popmusikbücher verstecke, ertappe ich ihn bei nächster Gelegenheit dadrin mit einem dicken Wälzer von Don DeLillo. Eine Spinne entferne ich besser selbst aus dem Haus, anstatt Scott darum zu bitten. Aber wenn man eine Schlange transportieren muss, dann ist er genau der Richtige.

Bestrafung liegt im Auge des Empfängers

Durch die intensive Beschäftigung mit ihren Tieren lernen Trainer, was diese mögen und was nicht. Letzteres kann so eigenwillig sein wie Ersteres. Manch geselliges Tier empfindet es als negativ, wenn der Trainer nach der Übungseinheit wieder geht. Ich lernte einmal einige Klammeraffen kennen, die es nicht ausstehen konnten, wenn der Trainer ihren Käfig verließ. Er musste ihre Schwänze von seinen Armen wickeln und ihre schwarzen Finger von seinem Hals pflücken. Für andere Tiere wiederum kann die Anwesenheit des Trainers, besonders wenn er sehr nahe kommt, eine Strafe sein. Das betraf ein Meerschweinchen im Lehrzoo, das solche Angst vor Menschen hatte, dass es in einem verzweifelten Fluchtversuch gegen den Draht sprang, wenn sich jemand seinem Käfig näherte.

Sehr interessant und anregend war für mich, wie die Trainer darauf achten, was für ihre Tiere eine Strafe ist und was nicht. Wenn ein vollkommen harmlos wirkendes Spielzeug einen Affen nervös macht, dann ist es eine Bestrafung für das Tier. Ob der Trainer den Gegenstand als furchterregend empfindet, spielt überhaupt keine Rolle, die Wahrnehmung des Tiers ist entscheidend. Wenn es einen Hund erschreckt, ihm während einer Übungsstunde den Rücken zuzuwenden, dann ist das eine Bestrafung, auch wenn es einem selbst bedeutungslos vorkommt.

Wir Menschen wählen normalerweise den gegenteiligen Ansatz. Was als Strafe gilt, Umfang und Methode werden in der Regel vom Bestrafenden festgelegt. Dieser Ansatz bringt sowohl uneffektive als auch unverhältnismäßige oder sogar versehentliche Vergeltungsmaßnahmen mit sich. Das liegt daran, dass die Leute einander tendenziell durch Mittel maßregeln, die sie selbst als Bestrafung empfänden. Wenn man selbst nicht gern angebrüllt wird, dann neigt man dazu, einen anderen möglichst lautstark zur Ordnung zu rufen. Aber nicht jeder hasst es gleichermaßen, angeschrien zu werden. Einige wenige Auserwählte genießen eine anständige Runde Brüllen. Analog dazu ist einem, falls man nichts gegen Schreierei hat, unter Umständen gar nicht bewusst, wie unangenehm es für andere sein kann. Man feuert vielleicht aus allen Rohren, ohne sich groß etwas dabei zu denken, aber der Adressat bricht in Tränen aus. Wenn man denkt wie ein Tiertrainer, dann nimmt man das zur Kenntnis und ist still. Na ja, wenn man ein progressiver Tiertrainer wäre, würde man erst gar nicht laut werden.

Ich entwickelte allgemeine Regeln für Verhalten, das ich als «instinktiv» klassifizierte; was nicht bedeutete, dass es auf keinen Fall geändert werden konnte, doch der Versuch wäre definitiv eine Quälerei und wahrscheinlich der Mühe nicht wert. Meine erste Regel betraf das relative Alter der Verhaltensweise. Generell gilt, je länger ein Verhalten existiert, desto fester ist es verwurzelt. Zum Beispiel brauchte mein Mann schon damals, als er noch mein Freund war, ein GPS, um seine Brieftasche zu lokalisieren. Wir sprechen hier von fünfzehn Jahren Portemonnaieverlieren. Ich vermute mal, dass er seine Brieftaschen verlegt, seit er sich in der achten Klasse die erste anschaffte.

Als Nächstes frage ich, ob das Verhalten einem fundamentalen Wesenszug entspringt. Mein Mann ist ein bisschen verträumt, versonnen, was ihn zu einem guten Schriftsteller, ihn gleichzeitig aber anfällig dafür macht, ziemlich unachtsam durch den Tag zu stolpern und nicht aufzupassen, wo er seine Brieftasche ablegt. Dieses kleine Detail kommt ihm im Zweifelsfall abhanden, während er im Geiste am nächsten Kapitel feilt oder sich eine Route für seine nächste Fahrradtour überlegt. Da also zwei meiner Regeln sich auf Scotts unauffindbare Brieftasche bezogen, gab ich jede Bemühung auf, daran etwas zu verändern. In diesem Spiel bedeuten zwei Fehlversuche das Aus für eine Verhaltensweise, soll heißen: kein Trainingsplan dafür.

Die letzte Regel schließlich betrifft Handlungen, deren sich die Betreffenden überhaupt nicht bewusst sind. Mein Motto lautet hier: «Achtung.» Pfeifer, Auf-den-Tisch-Trommler, Kleingeld-in-der-Hosentasche-Klimperer wissen zumeist gar nicht, dass sie für Unruhe sorgen, bis jemand ruft: «Hör endlich auf damit!» Wir alle haben diese kleinen Angewohnheiten, die so tief in unserem Unterbewusstsein verankert sind, dass wir sie nicht wahrnehmen. Wenn andere uns auf diese Marotten hinweisen, antworten wir: «Tatsächlich?» Meine Mutter benutzt ununterbrochen das Wort «niedlich» (im Sinne von «Ist das nicht niiiiedlich?»). Wenn man sie deshalb aufzieht, erwidert sie: «Sage ich das oft?» Ich selbst vergesse häufig, den Reißverschluss meiner Laptoptasche zu schließen, obwohl mich schon Wildfremde – einmal sogar ein Bostoner Polizist – darauf aufmerksam gemacht haben. Außerdem lache ich wirklich laut, was mir überhaupt nicht bewusst war, bis mein auf seine zurückhaltende Art peinlich berührter Gatte sich angewöhnte, mir jedes Mal das Bein zu tätscheln, wenn ich loswieherte. Trotz des Tätschelns johle ich immer noch, wenn mich etwas zum Lachen bringt. Ich kann nichts dagegen machen. Mein Gehirn erkennt etwas Lustiges und funkt an meine Stimmbänder: «Einsatz!» Was ich auch nicht abstellen kann, ist Schubladen offen zu lassen. Man kann genau meine Route durchs Haus nachverfolgen, denn ich hinterlasse eine Spur von gähnenden Küchenschubladen, Kommodenschubladen, Schreibtischschubladen, wo immer ich gehe und stehe. Das treibt Scott in den Wahnsinn, aber sosehr ich mich auch bemühe, ich vergesse einfach, die Schubladen zuzuschieben. Mein Gehirn befiehlt: «Auf.» Es befiehlt nie: «Zu.» Scott hat das umgekehrte Problem mit Vorhängen. Da er ein äußerst zurückgezogener Mensch ist, zieht er schon die Vorhänge zu, wenn er seine Armbanduhr abnehmen will. Danach verlässt er das abgedunkelte Schlafzimmer. Ich habe Scott unzählige Male gebeten, die Vorhänge wieder aufzumachen. Einmal erklärte ich ihm sogar, dass in der Shaker-Freikirche ein natürlich beleuchteter Raum als gesundheitsförderlich gilt. Auf so etwas erwidert er, er *ziehe* sie ja auf. Tut er nicht. Der Beweis ist das dämmrige Schlafzimmer.

Natürlich könnten wir uns beide geniale Trainingsstrategien ausdenken, um uns gegenseitig die nervigen Verhaltensweisen abzuerziehen. Doch diese Unterfangen wären langwierig und mühsam, als wollte man einem Waschbär abgewöhnen, sein Essen zu waschen. Genau wie ich für mein Tier die richtigen Voraussetzungen schaffen will, möchte ich dasselbe für mich tun. Besser nicht das nahezu Unmögliche anpeilen. Vor allem, wenn die jeweilige Verhaltensweise aufs große Ganze gesehen eher eine Kleinigkeit ist. Also erwähne ich die Vorhänge nicht mehr. Jetzt, wo ich das hinschreibe, fällt mir auf, dass auch Scott die Schubladen nicht mehr erwähnt. Es sei es nicht wert, mir damit auf den Wecker zu fallen, meint er. Das Tiertraining könnte uns beide endlich gelehrt haben, wann es sich lohnt zu streiten.

Außerdem, selbst wenn man einem Waschbären abgewöhnen könnte, sein Essen zu waschen, würde man das wollen? Das ist ein großer Teil dessen, was einen Waschbären ausmacht. Trainer wollen keine Robotertiere. Zum Menschsein gehört einfach dazu, nicht perfekt zu sein. Wir haben Marotten, Ticks, kleine biologische Grillen, die uns zu uns selbst machen. Die Eigenarten seines Tiers zu kennen bedeutet auch, es zu akzeptieren, inklusive Instinkten und allem anderen.

FÜNF

*Wie ich mir das Nörgeln
abgewöhnte*

Ich kann Scotts Fahrradklamotten von meinem Schreibtisch aus riechen. Der miefende Haufen liegt auf dem Badezimmerfußboden, wo Scott ihn nach der Dusche liegen gelassen hat. Fünfundfünfzig Kilometer ist er gefahren, wie er mir stolz berichtete. Hier am Schreibtisch kann ich jede aus meinem schlanken Ehemann geflossene Schweißperle dieser fünfundfünfzig Kilometer wittern. Ich rümpfe meine empfindliche Nase, mache die Tür zu und arbeite weiter.

Wenn Scott früher seine übelriechende Montur zum Gären im Bad liegen ließ, bat ich ihn, sie wegzuräumen. Wenn er es nicht tat, bat ich ihn wieder und wieder, hielt mir die Nase zu und umklammerte meinen Hals, als bekäme ich keine Luft. Ich fragte ihn, ob die Umweltbehörde die Giftmülldeponie in unserem Badezimmer genehmigt habe. Aber irgendwann verlor ich meinen Sinn für Humor und wurde mit jeder Bitte ärgerlicher.

Ich wiederholte mich ständig gegenüber meinem Mann, forderte ihn immer wieder auf, die um den Schaltknüppel im Auto gruppierten gebrauchten Taschentücher zu beseitigen. Wenn wir ins Kino gingen, rief ich mehrfach durch die Badezimmertür: «Bist du bald fertig?» Viele meiner Sätze begannen mit: «Ich will ja nicht klingen wie eine

Platte mit Sprung, aber ...» Nicht einmal seine Ehegattentaubheit, die proportional zu meinen Wiederholungen zunahm, hielt mich davon ab. Wenn er dann endlich tat, worum ich ihn gebeten hatte, war ich meistens schon zu erbost, um ein «Danke» hervorzuquetschen.

Ich war eine Nörglerin. Hin und wieder habe ich es vielleicht kreativ verpackt, aber ich war eine nervige Nörglerin. Das machte mich noch wütender auf Scott. Er zwang mich, zu jammern und zu klagen, damit ich bekam, was ich wollte. Zumindest glaubte ich das, bis ich sah, wie die Tiertrainer es anstellen – beziehungsweise nicht anstellen.

Ich stellte fest, dass man dem Seelöwen nicht durch Nörgeln das Salutieren beibringt. Oder dem Pavian einen Salto durch Meckern, dem Elefanten das Malen, indem man ihm alles vorhält, was Elefanten generell so falsch machen. Im Gegenteil, die Trainer, die ich begleitete, korrigierten ihre Tiere meistens noch nicht einmal.

Progressive Tiertrainer belohnen gewünschtes Verhalten und – ebenso wichtig – ignorieren unerwünschtes. Dieser revolutionäre Ansatz entstammt der Welt der Meeressäugertrainer. Sie erfanden ihn nicht eigentlich (in der amerikanischen Zirkuswelt war sie bereits als «Gentling», wörtlich etwa «Begütigung», in Hollywood als «Affection Training», «Zuwendungstraining» bekannt). Doch die Trainer von Meeressäugern waren die Ersten, die diese Methode festschrieben, zeigten, wie gut sie funktioniert, und ausschließlich verwendeten. Man wird keinen Trainer finden, der bei Meeressäugern nicht ausschließlich mit positiver Verstärkung arbeitet. Zumindest sollte man keinen finden.

Die frühen Delphintrainer hatten ein gezahntes, stahlgraues Rätsel vor sich. Wie richtet man ein Tier ab, das man nicht zu fassen bekommt? Sie konnten den Meeressäugern ja schlecht Zügel oder Leinen anlegen. Wenn ein Delphin das Training nicht mochte, dann schwamm er einfach weg oder ließ sich unter die Wasseroberfläche absinken. Obwohl sie in Gefangenschaft lebten, konnte man die Delphine nicht zum Mitmachen zwingen. Sie mussten geködert werden. Aber wie?

Die Antwort wurde in der operanten oder auch instrumentellen Konditionierung gefunden, die der Psychologe B. F. Skinner in den 1930er Jahren in Harvard austüftelte. In seinem Labor demonstrierte Skinner, dass Verhalten von seinen Konsequenzen beeinflusst wird. Ein gutes Ergebnis begünstigt eine Handlung, erhöht die Wahrscheinlichkeit, dass ein Lebewesen sie wiederholt. Wenn eine Taube auf eine Klaviertaste pickt und ein Körnchen auftaucht, dann spielt der Vogel weiter. Ausreichend gut getimte Körner, und schon hat man einen geflügelten Rachmaninow. Dass jedes Geschöpf wiederholt, was ihm einen Gewinn einbringt, scheint offensichtlich; doch Skinner lieferte den wissenschaftlichen Beweis, dass dies fundamental für das Lernen aller Tiere, einschließlich der Menschen, ist.

Er fand heraus, dass auch ein negatives Ergebnis Verhalten ändern kann. Wenn die Taube auf die Klaviertaste pickt und einen Stromschlag bekommt, kann man wohl ziemlich sicher damit rechnen, dass der Vogel die Träume von einer Konzertkarriere aufgibt. Doch die Verhaltensgleichung wird bei Bestrafung schon etwas kniffliger. Skinners Experimente zeigten, dass Züchtigung zwar eine Wirkung hatte, aber eine schwer vorhersehbare. Die Taube könnte eine Technik finden, das Elfenbein vielleicht nur ganz leicht, *pianissimo*, mit dem Schnabel zu berühren und dadurch den Stromschlag zu vermeiden. Oder sie ist der Ausnahmevogel, der Glenn Gould unter den Tauben, der zu dem Schluss kommt, dass seine Kunst gelegentlichen, selbst regelmäßigen Schmerz wert ist. Irgendwann wäre sie vielleicht desensibilisiert und würde den Schlag gar nicht mehr bemerken. Sie könnte den Kick sogar zu schätzen lernen.

Desensibilisierung

Um die Löwin Kiara dazu zu bringen, in eine Kiste zu steigen, schleiften die Trainingsschüler zuallererst das Ding in ihr Gehege. Sie stellten den großen Holzbehälter dort ab, damit sie sich daran gewöhnen konnte. Und genau das tat das Tier. Die Löwin lümmelte sich oben auf die Kiste, reckte ihren Bauch, ließ den Schwanz träge herabhängen. Bald war das ihr Lieblingsplatz für ein Nickerchen.

Auf diese Weise wurde die Katze gegen die Box desensibilisiert. Genau genommen wurde Kiara habituiert, also passiv desensibilisiert. Es wurde der Zeit überlassen. Je länger die Kiste im Löwenkäfig stand, desto vertrauter wurde das Tier damit und desto leichter wäre es schließlich, es zum Hineinsteigen zu veranlassen. Aus genau demselben

Grund verliert auch Bestrafung mit der Zeit ihre Schlagkraft. Tiere, auch Menschen, können sich an beinahe alles gewöhnen. Und so erhöht man die Spannung am Elektrohalsband und verlängert den Hausarrest für das Kind.

Habituation ist einer der Wege, über die Trainer Tiere mit potenziell verstörenden Dingen bekannt oder sie mit eindeutig verstörenden Dingen vertraut machen. Beispielsweise können Trainer gestärkte weiße Arztkittel tragen, um die Tiere allmählich an den Anblick von Tierärzten zu gewöhnen. Oder sie setzen die Gegenkonditionierung ein, eine aktive Technik, ein Tier gegen etwas Verstörendes zu desensibilisieren. Bei der Gegenkonditionierung verwandelt man eine negative Erfahrung in eine positive, indem man sie mit etwas Gutem verbindet. Das Meerschweinchen im Lehrzoo hatte schreckliche Angst vor Menschen. Mit der Folge, dass man den südamerikanischen Nager, wenn er medizinische Versorgung brauchte, quer durch seinen Käfig jagen musste, woraufhin er noch mehr Angst vor Menschen bekam. Als Prüfungsaufgabe stellte sich eine Nachwuchstrainerin die Gegenkonditionierung des Meerschweinchens auf mindestens einen Menschen, sich selbst. Jeden Tag pirschte sie sich ein Stückchen näher an den Käfig heran, und wenn das Tier sich nicht hinter einem Strauch versteckte, bekam es einen Löffel Alfalfakügelchen zur Belohnung. Mit der Zeit gestattete das Meerschweinchen der jungen Trainerin, näher und näher zu kommen, bis es ihr eines Tages einige Kügelchen direkt aus der Handfläche fraß. Eine schlechte Erfahrung war zumindest zu einer neutralen gewandelt worden.

Menschen verwenden ständig die Habituation. Wir

gewöhnen uns mit der Zeit an das Geräusch des Verkehrs. Wir gewöhnen uns an das fallende Quecksilber im Winter und wieder zurück an das steigende, wenn die Sommerhitze ihren Höhepunkt erreicht. In dreizehn Jahren Ehe hat Scott mich an seine Post-, Kleider- und Bücherstapel habituiert. Gleichermaßen wurde ich an den Lärm einer Nachrichtenredaktion habituiert, und zwar so sehr, dass ich mich später erst wieder an die Ruhe des Arbeitens im heimischen Büro habituieren musste, wo niemand Baseballergebnisse über meinen Kopf brüllte oder neben mir seinen Computer verwünschte. Bei der Recherche für mein letztes Buch verbrachte ich derart viel Zeit auf dem engen Raum des Terrariums, dass ich mich selbst an eine meiner größten Ängste habituierte, an Schlangen. Die vielen in Gegenwart der Schlangen verbrachten Stunden, in denen ich die Verfütterung eines Rattenjungen an Ceylon, den heiteren Python, oder das Herausschleppen der gelben Anakonda Precious auf den heißen Asphalt in die Sonne beobachtete, erfüllten den Zweck. Je länger ich in ihrer Nähe war, desto weniger erschreckten mich die Reptilien. Ich habe sogar eins berührt, eine Kornnatter. Sie war trocken und glatt. Als ich ernsthaft darüber nachdachte, eine der jungen Sandboas des Moorpark College zu kaufen, wusste ich, dass ich meine Furcht wirklich abgelegt hatte. Das Einzige, was mich davon abhielt, war übrigens der Heimflug. Wie bringt man eine Babyschlange durch die Sicherheitskontrolle?

Was ich persönlich häufiger gebrauchen könnte, ist Gegenkonditionierung. Gäbe mir jemand jedes Mal einen Schokoriegel, vorzugsweise mit Karamell und Nüssen gefüllt, wenn ich in einem Wolkenkratzer ein Stockwerk höher komme, dann hätte ich meine Höhenangst vielleicht bald überwunden. Ein Paar Ohrringe für jedes Mal Blutabnehmen, und ich wäre meine Spritzenphobie los. Stattdessen scheinen manche Arzthelferinnen es geradezu zu genießen, mir mit der Nadel vor dem Gesicht herumzuwedeln. Das ist ungefähr das Gleiche, wie ein nervöses Meerschweinchen durch seinen Käfig zu jagen.

Wir menschlichen Tiere, mit unserem Hang zur Dramatik und unserer angeborenen Ungeduld, besiegen unsere Ängste gern durch einen einzelnen, spektakulären Schritt. Die Fernsehserie Fear Factor baut auf diese fehlerhafte Tendenz. Höhenangst? Dann spring doch mit dem Fallschirm aus einem Flugzeug. Ekel vor Insekten? Dann steck doch einfach mal die Hand in ein Glas voller Käfer. Panik in dunklen, engen Räumen? Da hilft nur, eine Runde auf Höhlenerkundung zu gehen. Die einzige Belohnung dafür ist die Erfahrung, überlebt zu haben, und das ist möglicherweise gar keine Belohnung, wenn man sich danach doppelt so sehr fürchtet wie vorher.

Es gibt eine sanftere, produktivere Art, sich den eigenen Ängsten zu stellen. Fragen Sie nur das Meerschweinchen.

Bei Menschen führt Bestrafung zu denselben unzuverlässigen Ergebnissen. Dafür gibt es endlose Beispiele. Nehmen wir doch mal die Strafzettel für Geschwindigkeitsübertretung. Mancher Bleifuß lässt sich davon abschrecken, doch andere treten weiter aufs Gas, während sie gleichzeitig die Augen nach Radarfallen offen halten. Einige Leute sind so versessen auf Geschwindigkeit, dass sie – Strafzettel hin oder her – munter weiterrasen.

Ein etwas spezielleres Beispiel findet sich in meinem Teilzeit-Heimatort Portland, Maine. Als diese kleine Hafenstadt ihr erstes Recyclingprogramm einführte, verband sie es mit einem Strafmanöver. Die Einwohner müssen ganz bestimmte blaue Müllsäcke für ihren Hausmüll erwerben. Alle anderen Säcke werden nicht abgeholt. Der Gedanke dahinter ist, dass die Leute mehr recyceln werden, damit sie weniger Müll produzieren und dadurch weniger Müllsäcke kaufen müssen. Manche taten das. Andere weigerten sich, die blauen Tüten zu kaufen und stopften ihren Abfall einfach in öffentliche Mülleimer, die dementsprechend überquollen. Andere verlegten sich darauf, die Müllsäcke im Supermarkt zu stehlen. Mit dem Ergebnis, dass sie nun zusammen mit den Zigaretten hinter der Kasse liegen. Jetzt muss man die Kassierer um Glimmstängel und Abfallbeutel bitten.

Warum Belohnung besser funktioniert

Skinners Forschung zeigte, dass positive Verstärkung der verlässlichere Weg zum gewünschten Verhalten ist. Mit positiver Verstärkung brachte er seinen Tauben bei, Achter zu trippeln, Tischtennis zu spielen, sogar eine Rakete auf Kurs zu halten (während des Zweiten Weltkriegs erhielt Skinner zu diesem Zweck fünfundzwanzigtausend Dollar vom Verteidigungsministerium, brach das Projekt Taube aber später ab). Progressive Trainer machen heute ebenfalls davon Gebrauch. Nicht, weil sie so gute Seelen sind und um den Friedensnobelpreis wetteifern, sondern weil sie überaus praktische Wesen sind. Sie nutzen die positive Verstärkung nicht, weil das politisch korrekt ist (auch wenn es das ist), sondern weil es besser funktioniert.

Diese Methode ist aus einer Reihe von Gründen effektiver, zuallererst, weil sie motivierender ist. Man muss ja nur mal überlegen. Wann gibt man sich extra viel Mühe? Wenn man dafür etwas Angenehmes bekommt – ein Lob, einen Kuss, einen Bonus? Oder wenn einem etwas Unangenehmes erspart bleibt – Kritik, ein Stirnrunzeln, eine Gehaltskürzung? Es ist eine Erleichterung, keinen Tritt in den Hintern zu bekommen, ob nun im übertragenen oder im wörtlichen Sinne; aber keine echte Belohnung. Deshalb tun alle Geschöpfe normalerweise nur das absolute Minimum, um Repressalien zu vermeiden. Bestrafung mag motivieren, doch sie zaubert kein Leuchten in die Augen, wie eine Belohnung es kann. Man denke nur mal an Steuern. Wer füllt denn die Formulare schon mit Begeisterung aus? Höchstens jemand, der mit einer fetten Rückzahlung rechnet. Aber wohl kaum, wenn man wie ich den Behörden meistens etwas schuldet. Da ich meine Steuererklärung nur einreiche, um eine Strafe zu vermeiden, verwende ich so wenig Energie wie möglich darauf. Was bedeutet, ich schiebe das Sortieren meiner Unterlagen und das Ausfüllen der Formulare bis zur letzten Minute auf und werfe den Umschlag dann exakt am Fälligkeitstag ein, zusammen mit Legionen anderer unmotivierter menschlicher Tiere. Dann verzögern wir eben den Ablauf, na wenn schon. Aber was haben wir denn schon zu gewinnen, wenn wir früher abgeben? Vermutlich könnten wir uns damit brüsten, dass wir unsere Steuererklärung schon eingereicht haben, und uns dann über die Trödler lustig machen. Aber für mich ist das keine besonders tolle Belohnung.

Progressive Trainer geben sich nicht mit weniger als Begeisterung, Funkeln, Lebensfreude zufrieden. All das fand man im Lehrzoo, besonders im Hyänengehege. Ein Schüler musste sich Savutis Käfig nur nähern, und das Tier verwandelte sich in einen tanzenden Verhaltensderwisch. Er machte *Sitz*, apportierte, drehte sich um die eigene Achse, trug eine Holzlatte, legte die Vorderpfoten ordentlich auf ein Brett in seinem Gehege, alles ohne ein einziges Kommando. Dann sah er seinen Trainer mit glänzenden Augen an, als wollte er sagen: «Wie wär's damit? Oder damit?» Er probierte wild herum, zeigte sein ganzes Repertoire, um auszutesten, was ihm einen Hühnerhals einbringen würde. Savuti war so begeistert bei der Sache, dass die Jungtrainer ihm beibrachten, seine eigenen Bewegungsabläufe zu schaffen, genannt «Innovationstraining». Auf ein Handsignal hin dachte sich die Hyäne etwas aus, beispielsweise das, was ich am liebsten mochte: Sie stützte die Vorderpfoten an den Käfig und legte dann ihr Kinn darauf ab, wie die Unschuld in Person.

Eines Tages beobachtete ich Savuti dabei, wie er seinen langen, gepunkteten Hals auf Kommando an den Käfig drückte. Dann wurde er von einer Schülerin sanft ins Fell gezwickt. Savuti rührte sich nicht von der Stelle. Das Ziel dieser Übung war, ihm irgendwann Blut aus der Halsvene abnehmen zu können. Indem er seinen Hals so präsentierte, brachte Savuti sich in eine furchtbar verletzliche Position, selbst für eine Hyäne. Warum sollte er das tun? Weil Savutis Erfahrungen mit dieser Trainingsschülerin, ja generell all seine Trainingserfahrungen, gut gewesen waren, sogar lustig. Er erwartete, dass das so weiterging. Er vertraute ihr.

Das ist ein weiterer großer Vorteil an der positiven Verstärkung. Sie baut Vertrauen auf. Wenn ein Trainer der Quell aller guten Dinge für ein Tier ist, dann sorgt das für eine angenehme, unbefangene Arbeitsbeziehung. Trainerguru Karen Pryor hat es so formuliert: Ein Tier tut etwas und wird entweder belohnt, oder es passiert nichts. Ohne Strafe hat das Tier nichts zu befürchten, keinen Grund, dem Trainer nicht zu vertrauen.

Steve Martin, der sich auf freifliegende Vögel spezialisiert, aber bereits mit unzähligen Spezies gearbeitet hat, vergleicht dieses Vertrauen mit einem Bankkonto. Immer wenn ein Trainer positiv mit einem Tier interagiert, dann zahlt er damit auf das Wohlfühlkonto ein. Wenn er etwas tut, was dem Tier nicht gefällt – einer Raubkatze eins auf die Nase geben, ein Nashorn mit dem Wasserschlauch in sein Nachtquartier scheuchen, einem Affen das Spielzeug wegnehmen –, hebt er einen Betrag ab. Ideal ist, einen sehr hohen Kontostand zu erhalten, besonders in Martins Fall, wo seine Vögel einfach die Flügel ausbreiten und davonfliegen können.

Und schließlich bringt man einem Tier mit positiver Verstärkung bei, was man von ihm *will*. Man *er*mutigt, statt zu *ent*mutigen. Das Problem am Entmutigen ist, dass es nur ein unerwünschtes Verhalten beendet. Aber es regt nicht automatisch zu dem an, was man will. Im Lehrzoo verwendeten die Auszubildenden viel Zeit und Energie darauf, einem Kamel – dem boshaften Kaleb – die Wutanfälle abzutrainieren. Wenn er einen Ausraster hatte, dann wurde viel gebrüllt und an der Leine gezerrt. Irgendwann beruhigte sich das Kamel dann wieder. Doch Kaleb davon abzuhalten, um sich zu treten, war nicht dasselbe wie ihm beizubringen, was man von ihm wollte: brav an der Leine zu spazieren.

Wir Menschen nehmen an, dass zu sagen, was man nicht will, ganz klar macht, was man will. Besonders Eltern können so davon in Anspruch genommen sein, schlechtes Benehmen (streiten und schreien) zu unterbinden, dass sie völlig vergessen, gutes (teilen und friedlich spielen) zu vermitteln.

Mit vierzehn fuhr ich mit dem Rad von hinten auf ein Auto auf, flog auf den Kofferraum und prallte dann aufs Pflaster. Ich war etwas verbeult, genau wie die Liebe meines Lebens, mein orangefarbenes Schwinn-Zehngang-Herrenfahrrad, aber uns beiden ging es so weit gut. Am nächsten Abend stieg ich wieder auf das Schwinn, das mich abgeworfen hatte. Diese Fahrt endete wieder damit, dass ich mein Fahrrad nach Hause schob. Dieses Mal allerdings mit einem gebrochenen Handgelenk und einem blauen Fleck in Form meiner Bremszüge auf dem Oberschenkel. Als ich in die Küche gehumpelt kam, einen Arm etwas länger als den anderen, warf mein Vater, der uns vier Kinder kaum je bestrafte, nur einen Blick auf mich und bellte: «Dein Fahrrad ist konfisziert.» Das war eine verständliche, wenn auch ziemlich herzlose Reaktion. Außerdem war sie zwecklos. Er meinte es gut (er wollte meine Unfallserie stoppen), aber er konnte mir mein Zehngangfahrrad nicht für immer wegnehmen. Über kurz oder lang saß ich wieder im

Sattel, trotz meines Gipsarms. In der Zwischenzeit hatte ich absolut nichts darüber gelernt, wie man sicherer fährt, und lenkte jetzt nur noch mit einem brauchbaren Arm. Die Strafe meines Vaters hatte mich darüber hinaus eine unbeabsichtigte Lektion gelehrt, wie das bei Bestrafungen häufiger vorkommt: dass er manchmal ein richtiger Idiot sein konnte.

Bestrafung kann funktionieren, aber …

Ich habe zwei ausgezeichnete, gut getimte, treffsichere Strafaktionen bei Tieren beobachtet. Eine davon, als ich mit Cathryn Hilner, einer Raubkatzentrainerin, in einem großen Gehege mit zwei jungen Geparden im Zoo von Cincinnati war. Wir saßen auf dem Boden und streichelten den verspielteren der beiden, ein sanftmütiges Männchen, das sich räkelte und schnurrte, während wir ihm den gepunkteten Bauch kraulten. Plötzlich versetzte sein Bruder der Trainerin einen Schlag auf die Schulter. Praktisch im selben Moment, als die Pfote sie traf, gab die Trainerin ihm einen Klaps auf die Pfote, rief «Nein!» und sprang auf die Füße. Weg war die Katze. Ich rappelte mich auf, weder so schnell wie ein Gepard noch wie eine Gepardentrainerin, selbst eine über siebzigjährige. Der Hieb des Tiers hatte spielerisch gewirkt, doch ein Trainer möchte auf keinen Fall von den großen Katzen als Spielzeug betrachtet werden. Denn vom Spielobjekt zum Zielobjekt ist es nur ein kleiner Schritt. Die Bestrafung funktionierte deshalb, weil sie unmittelbar und maßvoll war und sofort aufhörte, als die Katze tat, was die Trainerin wollte – die Pfote von der Schulter nehmen.

Der zweite Vorfall spielte sich im Lehrzoo des College ab, wo Walter, ein junger Büffelbulle, anfing, die Nachwuchstrainer auf dem Gelände spazieren zu führen. Eigentlich sollte es andersherum sein, aber in Anbetracht seiner vierhundert Kilo Kampfgewicht bekam Walter leicht seinen Willen. Auf einem dieser Ausflüge schleifte Walter die Schüler von der Teerstraße auf den Rasen, obwohl die durchtrainierten jungen Frauen die Fersen in den Boden stemmten und ihren Bizeps anspannten. Dann senkte Walter seinen großen schwarzen Kopf, um sich einen Gras-Snack zu gönnen, während die beiden Schülerinnen an seinem Kopf zupften. «Ihr solltet ihn besser vom Rasen holen, denn er verstärkt gerade sein eigenes unverfrorenes Verhalten», warnte die Lehrerin, eine ehemalige Delphintrainerin. Schnaubend zerrten die beiden Auszubildenden weiter an dem Tier, aber ohne Erfolg. Walter kaute zufrieden weiter. *Zack!* Mit der flachen Hand gab die Lehrerin ihm einen Klaps auf den Hals und packte die Leine. Überrascht blickte der Büffel auf und folgte ihr zurück auf die Straße.

Der Klaps, der erschrecken und nicht wehtun sollte, wirkte. Genau wie bei dem Geparden war die Strafe unmittelbar, dem Vergehen angemessen und hörte im selben Moment auf, als Walter das Gras in Ruhe ließ und zurück zur Straße trottete. Dennoch riet die Lehrerin den Schülerinnen, solche Schläge mit Bedacht einzusetzen. Erstens würde Walter sonst dagegen desensibilisiert, was wiederum die Trainer dazu zwänge, fester zuzuschlagen, um seine

Aufmerksamkeit zu erregen. Zweitens, weil man bei jeder Disziplinierung, egal wie umsichtig, vom Vertrauenskonto abhebt. Und drittens, weil Bestrafungen garstige Nebenwirkungen haben können: Apathie, Angst und Aggression. Nichts von alledem ist dem Lernen zuträglich. Ein verängstigtes oder nervöses Tier ist kein guter Schüler. Einem apathischen Delphin am Grunde seines Bassins kann man nichts beibringen. Ein wütender Büffel ist nicht in Stimmung für Instruktionen. Trainer haben kein Interesse an den Nebenwirkungen von Bestrafung, ganz besonders nicht von der Sorte, die mit Hörnern in menschlichen Körpern zu tun hat. Sobald man aber straft, öffnet man diese Verhaltensbüchse der Pandora. Selbst Rache könnte herausgeflogen kommen.

Darum warnte Gary Priest, ein ehemaliger Schwertwaltrainer, der jetzt das Training im Zoo von San Diego und im Wild Animal Park überwacht, vor dem Einsatz auch nur geringfügiger Strafen. Um seine Botschaft glasklar zu machen, erschreckte er einmal einen ganzen Konferenzraum voller Zoopfleger und Tiertrainer mit dem Video einer Elefantenattacke auf einen jungen Wärter zu Tode. Dieser Wärter hatte zuvor am selben Tag die Elefantenkuh mit seinem Haken, auch Ankus genannt, geschlagen. Später dann hatte er den Ankus auf den Boden gelegt, während er emsig Mist im Elefantenzwinger schaufelte. Auf dem Video hörte man zunächst aus dem Hintergrund ein merkwürdiges Klicken. Es stellte sich heraus, dass das Geräusch den Versuch des gekränkten Elefanten begleitete, den Ankus entzweizubrechen. Doch das war nur die Hitchcock'sche Vorahnung des Kommenden. Da er bei dem Elefantenhaken glücklos blieb, beschloss der Elefant, den Wärter entzweizubrechen. Das erwies sich als viel einfacher. Die Kuh packte ihn mit ihrem Rüssel, schleuderte ihn hierhin und drückte ihn dorthin. Aufgeschreckt durch die Schreie des jungen Mannes kamen andere Pfleger zu seiner Rettung. «Sorgen Sie dafür, dass Ihre Tiere Sie mögen», riet Priest. «Bestrafen Sie sie nicht.»

Das mag ein extremes Beispiel sein, aber Bestrafung bringt – in unterschiedlichem Maße – dieselben Verhaltensprobleme bei Menschen hervor, und zusätzlich noch ein weiteres: Hass, einen starken Cocktail aus Angst, Aggression und Apathie.

Wie viele andere Angehörige meiner Spezies habe auch ich schon mit kleinen Racheakten auf Bestrafung reagiert. Wenn mich früher als Kellnerin ein Gast unhöflich behandelte, indem er zum Beispiel mit den Fingern schnippte oder mir einen Befehl hinterherbellte, dann lächelte ich und bat um Verzeihung, zeigte also das Verhalten, das der Gast wünschte. Dann ging ich in die Küche und nahm die großen Tassen unter die Lupe. In diesem Restaurant wurde die Muschelsuppe in denselben Bechern serviert wie der Kaffee. Häufig blieben nach dem Spülgang kleine, getrocknete Suppenbröckchen darin kleben, weswegen wir Kellnerinnen die Tassen immer genau untersuchten. Weinerliche, aufdringliche oder betrunkene Gäste erhielten die umgekehrte Behandlung von mir: Ich suchte mir extra die Becher mit Klümpchen heraus und goss den Kaffee direkt ein. Danach achtete ich darauf, immer rechtzeitig nachzuschenken, was besonders dienstfertig wirkte, wodurch sie aber nicht sehen konnten, was am Boden der Tasse lauerte. Gelegentlich löste der heiße Kaffee ein versteinertes Muschelklümpchen, das dann nach oben trieb. Dann konnte ich den Kaffee zwar nicht berechnen, aber es war jeden verlorenen Dollar wert. Vor allem, wenn die Gäste Geschäftsleute waren, die quiekten wie kleine Mädchen. Man sollte bei Kellnerinnen auf Bestrafung tunlichst verzichten. Wie Skinner und ich bewiesen haben, könnte das unerwünschtes Verhalten provozieren, ganz zu schweigen von unerwünschtem Geschirr.

Ungeachtet der Nebenwirkungen können Strafen selbstverständlich auch effektiv sein und schnellere Ergebnisse hervorbringen als positive Verstärkung. Als ich auf der Highschool war, forderte mich eine Klassenkameradin auf, mit ihr Spanisch zu schwänzen. Wir drückten uns in den Gängen herum, die meiste Zeit aber versteckten wir uns in den Toiletten. Später an diesem Tag begegneten wir auf dem Flur unserem Lehrer, Señor Scoby, und er bemerkte uns. Sein Blick wirkte tatsächlich verletzt durch die dicken Brillengläser hindurch. Binnen kurzem knisterte die Lautsprecheranlage, und mein Name hallte durch die Schule. Es war das erste Mal, dass ich wegen Ungezogenheit ins Büro zitiert wurde. Dort teilte mir ein untersetzter Beratungslehrer mit Glatzenansatz und einem klebrigen Südstaatenakzent sachlich mit, dass ich für einen Tag suspendiert sei. Danach rief er meine Mutter an und informierte sie über meine Verfehlung. Als ich nach Hause kam, hielt meine Mutter – die sonst nie laut wurde – mir eine Standpauke. Wie ein Klaps auf den Büffelhals oder die Gepardenpfote war meine Strafe treffsicher, unmittelbar und unerwartet.

Außerdem traf sie mich genau an der richtigen Stelle. Ich ging gern zur Schule, daher schmerzte die Suspendierung. Ich war eine gute Schülerin und zudem Stufensprecherin, weswegen mir außerdem mein Ruf wichtig war. Die coole Klassenkameradin war hauptsächlich deshalb cool, weil ihr das egal war. Ich bezweifle, dass die Suspendierung die gleiche Wirkung auf sie hatte wie auf mich. Um ehrlich zu sein, hatte das Schwänzen gar nicht so viel Spaß gemacht, und das coole Mädchen erwies sich als ein bisschen langweilig, wie es oft bei Leuten ist, die sich für nicht viel interessieren. Ich zog meine Schlüsse. Zwar tat ich weiterhin die üblichen verbotenen Dinge, die Schülerinnen in diesem Alter so tun, zu spät nach Hause kommen oder mir einen gefälschten Ausweis besorgen, damit ich minderjährig in Bars gehen konnte. Aber nie, niemals wieder schwänzte ich den Unterricht.

Was Bestrafungen gewöhnlich so uneffektiv macht, ist unsere übertriebene Vorliebe dafür. Es ist das Erste, was uns Menschen einfällt. Wir maßregeln zu reflexartig, zu geistesabwesend, zu faul und normalerweise zu oft. Nicht immer machen wir deutlich genug, wofür wir jemanden bestrafen. Unser Timing ist häufig grauenhaft. Wir schimpfen lange, nachdem der Fehltritt begangen wurde, manchmal genau in dem Moment, wo der Sünder tut, was wir wollen, wenn wir ihn also eigentlich belohnen sollten. Wir kritisieren eine winzige Verhaltensweise stellvertretend für eine lange Liste von Ärgernissen, die sich über Jahre anhäufen. Wir wettern und keifen in der Hitze des Gefechts oder einfach nur, weil wir schlechte Laune haben. Wenn wir gerade mürrisch oder überempfindlich sind, passen wir das Strafmaß nicht an das Vergehen an, sodass der Schuldige am Ende nicht zerknirscht ist, sondern sich ungerecht behandelt fühlt. Das kann wiederum den Bestrafenden wütend machen, wodurch die Strafe exponenziell ansteigt. Manchmal haben wir vielleicht gar kein Interesse daran, ein Verhalten einzudämmen. Manchmal suchen wir nach einem Fehler, um aus Rache zu strafen oder weil wir jemanden nicht leiden können oder um die Oberhand zu gewinnen.

Wie andere Geschöpfe des Tierreichs auch bestrafen wir, um klarzustellen, wer der Chef ist. Wir höheren Primaten, die vielleicht sozialsten der sozialen Wesen, sind ganz versessen auf Hierarchie. Wir wollen wissen, wer das Kommando hat. Die Antwort verändert sich ständig, doch die Frage bleibt in vielen unserer Beziehungen, flüchtig oder dauerhaft, in der Arbeit, der Schule oder zu Hause bestehen.

Dominanz liegt in den Details. Aus diesem Grund befassen sich Ehepartner, Eltern, Geschwister und Vorgesetzte mit den winzigsten Kleinigkeiten. Der Mann einer Freundin von mir machte sie in der Anfangszeit ihrer Ehe einmal zur Schnecke, weil sie die Butter für den Kuchenteig mit dem Mehl schaumig gerührt hatte, statt mit dem Zucker. Es muss der Zucker sein, aber sie hatte weder den Kuchen ruiniert noch die Welt. Kurze Zeit später hatten sie einen weiteren heftigen Schlagabtausch darüber, wie man Möhren schält. Worüber stritten sie in Wahrheit? Darüber, wer das Kommando hat.

Genau wie viele meiner Freunde und zahlreiche andere Ehepartner plänkelte ich unbewusst, um die Kontrolle über meine Ehe zu gewinnen, indem ich Scott «meinen» Weg aufzwang, zum Beispiel die in meinen Augen kürzeste Route zu unserem Lieblingsstrand. Ich dachte, ich helfe meinem Mann, wenn ich ihm zeige, wie man Zwiebeln hackt. Aber was ich eigentlich tat, war, mein Revier zu markieren. Kein Wunder, dass er sich so oft dem widersetzte, was ich für gutgemeinte Ratschläge hielt, und dass ich daraufhin aufbrauste. Manchmal übersah ich sogar etwas Nettes, was Scott tat, nur weil ich etwas anderes von ihm erwartet hatte. Einmal strich er unseren Garderobenschrank von innen in einem fröhlichen Gelb. Er setzte die Regalbretter um. Er brachte praktische Haken an. Das machte mich stocksauer. Ich war der Meinung, er hätte zuerst den Keller aufräumen sollen. Schlimmer noch, ich sagte ihm das auch.

Die Tiere bei Laune halten

Eine traditionelle Trainingsmethode ist es, dem Tier Nahrung vorzuenthalten. Dahinter steht der Gedanke, dass ein ausgehungertes Tier motivierter ist, zu gehorchen. Das ist eine verbreitete Technik bei der Arbeit mit Vögeln, vor allem bei auf die Jagd abgerichteten Raubvögeln. Die Dresseure halten das Gewicht ihrer Habichte, Falken und Adler so gering wie möglich, damit die Tiere auf jeden Fall hungrig sind und zur Fütterung zu ihrem Herrn zurückkehren, statt einfach in den blauen Horizont davonzufliegen, so verlockend das auch sein mag. Das ist allerdings eine knifflige Praxis, denn der Unterschied zwischen einem hungrigen Vogel und einem toten Vogel liegt in nur weni-

gen Gramm – weswegen die Jäger sie auch ununterbrochen wiegen.

Futterentzug ist keine progressive Methode. Moderne Trainer enthalten ihren Tieren keine Nahrung vor, denn das kann mehr Probleme verursachen, als es jemals zu lösen vermag. Die Tiere bekommen jeden Tag ihre Grundversorgung, egal wie die Übungsstunden verlaufen. Progressive Trainer entziehen auch kein Spielzeug, Streicheleinheiten oder was auch immer das Leben des Tieres angenehm macht. Sie wollen, dass ihre Schützlinge gesund und glücklich sind. Denn das ist der beste Gemütszustand zum Lernen. Ein ausgehungertes, einsames oder gelangweiltes Tier ist tendenziell zu nervös, übellaunig und folglich zu zerstreut, um sich auf eine Übung zu konzentrieren. Außerdem neigen hungrige Tiere dazu, aggressiv zu werden und zu beißen. Jeder, der schon mal eine Prüfung mit leerem Magen ablegen musste, wird das nachvollziehen können.

Das menschliche Äquivalent zum Futterentzug wäre, jemandem die täglich benötigte Ration Zuneigung, Spaß oder Anerkennung zu kürzen. Was auch immer man eben im Allgemeinen braucht, um glücklich zu sein. Beispiele dafür sind Eltern, die alle Vergünstigungen zurückhalten, bis ein Kind ein Einserzeugnis nach Hause bringt; ein Ehepartner, der dem anderen die kalte Schulter zeigt, bis jede einzelne Aufgabe einer langen Liste erledigt ist; ein Chef, der seine Angestellten im Tausch gegen das winzigste kleine Vergnügen schindet, zum Beispiel eine fünfzehnminütige Mittagspause. Das sind Methoden, jemanden durch Strafen zu motivieren, in diesem Fall, indem man ihn bis zu einem gewissen Grad unglücklich macht. Jeder progressive

Trainer kann erklären, warum dieser Ansatz nicht effektiv ist und dass dadurch das menschliche Tier nervös, missmutig und sogar bissig wird. Wie ein unterernährter Vogel kann es, wenn man nicht aufpasst, einfach verkümmern.

Im Moorpark College ermahnt Trainer Gary Wilson seine Schüler, immer auf der Hut zu sein vor dem tiefen Instinkt, andere Lebewesen herumzukommandieren – was er unseren «inneren Primaten» nennt. Da wir so stark auf Hierarchie reagieren, nehmen wir an, dass Tiere das auch tun. Auf manche mag das zutreffen, auf viele nicht. Letztendlich verängstigt oder provoziert man sie nur. Doch diese falsche Annahme wird leider von unseren besten Freunden im Tierreich – den Hunden, einer Spezies, die im Allgemeinen sehr nachsichtig mit unserem herrischen Wesen ist – und von traditionellen Hundetrainern, einschließlich des wahnsinnig populären Hundeflüsterers Cesar Milan sowie von den Men in Black, den Mönchen von New Skete, noch unterstützt. Der Flüsterer und die Mönche raten, sich selbst zum Alphahund zu erklären. Zu diesem Zweck empfehlen die Mönche, den Hund auf den Rücken zu rollen, sich darüber zu beugen und zu knurren. Ich gestehe, dass ich das mit Dixie bei uns im Park gemacht habe, als sie noch ein Welpe war. Mit der Folge, dass ich aussah wie eine Verrückte und mein Hund sich seither von niemandem mehr auf den Rücken oder die Seite rollen lässt, auch nicht vom Tierarzt. Als sie gesundheitliche Probleme bekam, wurde es daher schwierig.

Wenn man diesen sogenannten Alphawurf mit einem Schwertwal probiert, ist man tot. Einen Schwertwal kom-

mandiert man einfach nicht herum. Selbst wenn ein Trainer das könnte, würde er es nicht tun. Die progressiven Trainer, die ich kennengelernt habe, setzen nur selten auf Dominanz. Das brauchen sie auch nicht. Sie möchten eine kooperative Beziehung zu Tieren, und die Prinzipien der Verstärkung funktionieren weitgehend unabhängig davon, wer Alpha und wer Beta ist. Mara Rodriguez, die im Lehrzoo mit den Pumas arbeitet, geht nicht deshalb aufrecht und mit gestrafften Schultern, um auszusehen wie der Chef, sondern um nicht auszusehen wie Beute. Sie duldet keinen Unfug, denn wenn sie das täte, könnten die Katzen sie schnell als Abendessen betrachten. Wenn sie aber einen Puma zu etwas bringen will, wenn sie einem Puma etwas beibringen will, dann verlässt sie sich auf positive Verstärkung.

Wir befürchten, wenn wir mit der Rute sparen, geht die Menschheit vor die Hunde. Es mag auch an unseren Genen liegen, aber mit Sicherheit hat jeder von uns spätestens in der fünften Klasse gelernt, dass Bestrafung unsere Primatenwelt regiert. Wir sind so überzeugt davon, dass Zucht und Ordnung die Antwort sind, dass wir – falls es einmal sichtlich nicht funktioniert – merkwürdigerweise instinktiv noch ein bisschen dicker auftragen. Lauter brüllen, den Hausarrest verlängern, eine oder zwei oder drei Wochen nicht mit dem Ehemann sprechen, das Gehalt kürzen.

Trainer, die mit positiver Verstärkung arbeiten, müssen diesen menschlichen Drang bezwingen. Ken Ramirez vom Shedd Aquarium lässt seine Trainer noch nicht einmal das Wort «Nein» benutzen, niemals. Wenn sie auch nur die kleinste Möglichkeit zu tadeln hätten, sagt er, würden sie es irgendwann übertreiben. So ist eben der *Homo sapiens*, trotz oder wegen seines großen Gehirns.

Unser Menschsein, unser blindes Vertrauen in Bestrafung, ist ein wesentlicher Grund, warum Skinners ultimative Hoffnung sich nicht erfüllte. Nämlich, dass die instrumentelle Konditionierung das Leben seiner eigenen Spezies verbessern würde. Was ihm allerdings gelang, war, die Welt des Tiertrainings zu revolutionieren, indem Pioniere des Meeressäugertrainings seine Prinzipien übernahmen und sich mit vollen Fischeimern an die Arbeit machten. Karen Pryor war eine dieser frühen Delphintrainerinnen. Als sie sich 1963 eine Pfeife um den Hals hängte, hatte sie bis dahin nur mit Hunden und Ponys gearbeitet, unter Einsatz traditioneller Methoden. Durch die Anwendung positiver Verstärkung konnte sie bei den Delphinen viel, viel mehr erreichen, wie sie bald feststellte. Diese Technik öffnete einen aufregenden, speziesübergreifenden Kommunikationskanal. Zudem ermöglichte dieser Stil ein weitaus angenehmeres Arbeiten, sowohl für das Tier als auch für sie.

Neben den Delphinen setzte Pryor zunehmend auch bei Vögeln Belohnungen ein, und zwar bei Rotfußtölpeln im Park, sowie bei ihren eigenen Haustieren. Dann geschah etwas Magisches. Das Delphintraining schlich sich allmählich in ihr Alltagsleben. «So hörte ich zum Beispiel auf, meine Kinder anzuschreien», schreibt sie in *Positiv bestärken – sanft erziehen*, «weil ich feststellte, dass das Schreien nicht funktionierte. Erwünschtes Verhalten immer dann zu verstärken, wenn es auftrat, funktionierte viel besser und bewahrte auch den Familienfrieden.»

Auch mal ein Auge zudrücken

Von meinem Schreibtisch aus höre ich Scott auf der Treppe und dann im Badezimmer. Er putzt sich die Nase, dann federn seine Schritte die Treppe wieder hinunter. Vorsichtig öffne ich die Tür meines Büros, die Finger in Nasenhöhe schwebend, damit ich sie im Bedarfsfall schnell zuhalten kann. Der Gestank ist verschwunden. Nur noch ein schwacher Modergeruch hängt in der Luft. Die Fahrradmontur ist weg. Er muss sie aufgesammelt, vielleicht gar in die Waschküche gebracht haben! Mir fällt etwas auf. Wo die Kleider lagen, hat der Badvorleger ein dunkleres Rot angenommen. Der Schweiß ist in den Baumwollstoff gesickert.

Ich rufe ein «Danke» nach unten und verkneife mir erfolgreich jeden Kommentar, sogar einen Witz über den Fleck. Ich belohne das erwünschte Verhalten (Klamotten aufgeräumt) und ignoriere das unerwünschte (dass er die Sachen überhaupt dort abgelegt und dadurch den Vorleger verfärbt hat).

Genau das machen Trainer, wenn Tiere einen Fehler machen oder sich danebenbenehmen oder irgendetwas tun, was sie nicht verstärken wollen: Sie ignorieren es. Es gibt Verhaltensweisen, die man nicht einfach übersehen kann, wie zum Beispiel einen tobenden Elefanten; aber wenn nichts oder niemand droht, dabei verletzt zu werden, dann drückt ein professioneller Trainer einfach mal ein Auge zu.

Das ist für viele Menschen ein Schock, denn es widerspricht unserer natürlichen Intuition im alltäglichen Miteinander. Wir menschlichen Tiere haben einen Hang zum genauen Gegenteil, nämlich dazu, schlechtes Verhalten mit Aufmerksamkeit zu überhäufen und gutes zu ignorieren. Eltern nehmen keine Notiz von Kindern, die still im Auto sitzen. Aber wenn einer von den Kleinen sich bemerkbar macht, dann legen sie los. Ehepartner denken nicht daran, sich für kleine Dinge zu bedanken. Wenn jedoch jemand vergisst, den Müll rauszutragen, schreien sie Zeter und Mordio. Chefs halten harte Arbeit für selbstverständlich, mahnen ihre Angestellten aber beim kleinsten Verstoß sofort ab. Tiertrainer stellen diese Denkweise auf den Kopf.

Der Schock für Menschen liegt darin, dass das Nichtbeachten unerwünschten Verhaltens keine Anarchie auslöst. Schwertwale laufen nicht Sturm. Der Elefant zettelt keinen Aufstand an. Der Eisbär rebelliert nicht. Der Zoo geht nicht den Bach runter, im Gegenteil. Ohne einen einzigen Klaps auf die Pfote drückt sich der Bär zur tierärztlichen Untersuchung an den Zaun, kleckst der Elefant anmutig Farbe auf die Leinwand, stupst sich der Schwertwal sanft einen Menschen auf die Schnauze.

Der Trick ist, dass das Ignorieren unerwünschten Verhaltens nur das halbe Geheimnis ist. Die andere Hälfte besteht darin, das Verhalten zu bemerken und zu belohnen, was man möchte. Die beiden gehen Hand in Hand. Ich schulte meinen Blick dafür, zu registrieren, wenn jemand etwas von mir Erwünschtes tat. Sei es ein Flughafenangestellter, der mich besonders schnell eincheckte, oder ein Freund, der mich zum Mittagessen einlud. Ob jemand seine Arbeit machte oder seine Pflicht erfüllte, war dabei unerheblich. Entweder taten sie etwas, das ich wollte, oder nicht. Wenn ja, dann lächelte ich, stellte Augenkontakt her und erwiderte die Essenseinladung mit Sicherheit bald. Außerdem stellte ich fest, dass manche Leute auch Dinge taten, die ich wollte, von denen ich aber dachte, dass ich sie nicht will. Ich telefoniere nicht gern während der Arbeit, weswegen ich früher tagsüber nur selten abhob. Irgendwann merkte ich, dass ich meine Freunde und Verwandten nicht nur davon abbrachte, mich während meines Arbeitstages anzurufen. Ich brachte sie davon ab, überhaupt Kontakt zu halten. Da ich aber wollte, dass sie Kontakt hielten, ging ich dazu über, mein Schreiben auch mal zu unterbrechen und ans Telefon zu gehen, oder zumindest stärker darauf zu achten, so bald als möglich zurückzurufen.

Zu Hause machte ich mir bewusst, dass mein Mann viele Dinge tat, die ich von ihm wollte – abwaschen, das Auto warten, die Post hereinholen – und die ich für selbstverständlich hielt. Ich fing an, mich bei ihm zu bedanken. Das Gleiche, wenn er den Müll rausbrachte. Wenn er den Fuß vom Gas nahm, sagte ich ebenfalls Danke. Oder wenn er ein schmutziges T-Shirt in den Wäschekorb warf, selbst wenn der Stuhl im Schlafzimmer unter seiner halben Garderobe vergraben war. Es ging darum, das Erwünschte zu belohnen und das Unerwünschte zu ignorieren. Ich hüllte mich in Schweigen über seinen Dreitagebart. Ich kletterte wortlos über unausgepackte Koffer auf dem Fußboden, wenn ich sie auch manchmal außer Sichtweite unters Bett schob.

Hin und wieder gab es Ausrutscher, aber meine Beschwerden und Beanstandungen dezimierten sich drastisch. Anfangs war es schwer, den Mund zu halten. Aber ich sah so rasch Ergebnisse, und gute Ergebnisse verstärkten wiederum meine eigenen Bemühungen. Scott sonnte sich in meiner wachsenden Anerkennung, rasierte sich häufiger und fuhr seltener zu dicht auf. Und je positiver ich im Umgang mit meinem Ehemann war, beziehungsweise je weniger kritisch, desto schneller schwand seine typische Abwehrhaltung. Wenn ich Scott um etwas bat, war er viel zugänglicher. Seine Ehegattentaubheit verbesserte sich wie durch ein Wunder. Er wirkte gelöster. Möglicherweise entwickelte er ein ganz neues Vertrauen zu mir.

SECHS

Das Prinzip positive Verstärkung

Trainer exotischer Tiere werfen nicht aufs Geratewohl Affenfutter durch die Gegend. Es ist nicht jedes Mal Bescherung, wenn die Seelöwin aus ihrem Becken geholt wird. Das Kamel bekommt nicht einen Apfel, nur weil es ein Kamel ist.

Belohnungen werden aus einem bestimmten Grund eingesetzt. Wenn das nicht der Fall ist, dann wird die positive Verstärkung witzlos oder, schlimmer noch, kontraproduktiv, indem aus Versehen ein falsches Verhalten gelehrt wird. Eine Möhre in der Hand des Trainers kann einfach nur ein spitzes, orangefarbenes Gemüse sein oder ein in Freundschaft dargebotener schmackhafter Happen. Oder aber sie kann, clever eingesetzt, das Mittel sein, mit dessen Hilfe man einem Nashorn beibringt, auf Kommando zurückzuweichen.

Deshalb verwandelte ich mich nicht über Nacht in Fräulein Sonnenschein, das alles und jeden mit Lächeln, Komplimenten, Geschenken und Dankbarkeit überschüttet. Ich entwickelte mich auch nicht zu einer vorbildlichen Fünfzigerjahre-Hausfrau, die Scott jeden Abend mit einem Kuss, einem Martini und einer selbst gekochten Mahlzeit empfing. Doch alles in allem wurde ich liebenswürdiger, indem ich unerwünschtes Verhalten nicht weiter beachtete, besonders das meines Ehemannes. Kein Nörgeln (na ja, fast keins) ist gleich netter.

Im Umgang mit Scott war ich immer noch generell liebevoll und aufmerksam. Aber wie ein Trainer behielt ich mir positive Verstärkung für Gelegenheiten vor, bei denen er etwas Besonderes tat, zu dem ich ihn ermutigen wollte: bei Minusgraden mit den Hunden spazieren gehen (dazu hat Gott uns doch Männer aus Minnesota geschenkt!); einen Riesenhaufen Gartenmüll entsorgen (wohin, möchte ich gar nicht wissen); und *mich* mit einem Martini empfangen (Gin, kein Eis, trocken, drei Oliven, gekühltes Glas).

Das Tiertraining lehrte mich, meine Belohnungen präzise einzusetzen, was leicht klingt, es oft aber nicht ist. Die Grundprinzipien der positiven Verstärkung sind einfach, aber – wie jeder Tiertrainer einem bestätigen wird – ihre Anwendung eine heikle Angelegenheit. Ich habe schon Nachwuchstrainer gesehen, die mit dem Hühnerhals in der Hand zu Stein erstarrten, während sie fieberhaft im Kopf eine Verhaltensgleichung zu lösen versuchten – eine, die so selbstverständlich geklungen hatte, bis man tatsächlich vor einem Löwen stand. Die Schüler mussten die Feinheiten der positiven Verstärkung erst lernen, genau wie ich.

Richtiges Timing

Während eines Besuchs bei meiner Familie in Cincinnati fragen mich meine beiden Nichten, was Scott macht, wenn ich weg bin. «Eine Unterhose auf dem Kopf tragen», sage ich. «Auf einem riesigen Haufen schmutziger Klamotten schlafen. Das Innere von Pizzaschachteln auslecken.» Das ist ein Running Gag, bei dem ich selbstverständlich übertreibe. Aber der Mann hat mir über die Jahre reichlich Material dazu geliefert. Ich fand bei meiner Rückkehr früher schon Handtücher im fortgeschrittenen Reifestadium, mit Omelettresten verkrustete Pfannen im Spülbecken und stapelweise ungeöffnete Post vor.

Nach dieser Reise aber komme ich nach Hause, öffne die Tür und trete in eine blitzblanke Küche. Die Edelstahlflächen glänzen. Die Kaffeemaschine ist gereinigt worden. Nicht eine fettige Pfanne in unserem großen Porzellanspülbecken. «O mein Gott», platze ich heraus, während ich um die Herdinsel kreise. «Danke, danke», rufe ich meinem Mann zu, der sich verkrümelt hat. Ich bin noch nie in ein so sauberes Haus zurückgekehrt. Das schreit nach positiver Verstärkung – *jetzt sofort*.

Tiertraining liegt im Timing. Man kann all seine Handsignale im Schlaf beherrschen und die Entstehungsgeschichte der Spezies rückwärts und vorwärts aufzusagen in der Lage sein, aber wenn man nur ein Momentchen zu langsam ist, dann bekommt man selbst beim diensteifrigsten Tier Schwierigkeiten.

Gute Trainer lassen ihre Tiere exakt im richtigen Augenblick wissen, wann sie ein Verhalten richtig ausgeführt haben. Keine Sekunde davor und keine Sekunde danach. Wenn ein Trainer einem Elefanten beibringt, auf Kommando zu trompeten, dann meldet er dem Tier in der Sekunde, in der es einen Ton anstimmt: «Das ist es, genau das will ich.» Deshalb benutzen Trainer Pfeifen und Klicker (diese Dinger, die man früher Knackfrösche nannte) oder flöten: «Braver Junge.» Dies alles bezeichnet man als Brücke, im Prinzip eine schnelle, eindeutige Art, dem Tier mitzuteilen: «Bingo, Leckerchen ist unterwegs.» Trainer verwenden Brücken als Weg, dem Tier unmittelbar zu signalisieren, wenn es das gewünschte Verhalten gezeigt hat. Ohne eine solche Brücke muss der Trainer hektisch nach der Belohnung wühlen, und bis er endlich den Fisch geworfen oder die Banane gereicht hat, macht das Tier längst etwas anderes. Dieses andere – ein Seelöwe, der zum Beckenrand schwimmt, oder ein Hund, der wieder auf die Füße springt – ist dann letztlich das Verhalten, das der Trainer verstärkt. Ohne Brücke ist man demnach immer zu langsam. Mit Brücke kann das Timing genau stimmen. Deshalb war es ein echter Durchbruch, als die Pioniere des Meeressäugertrainings begannen, mit Pfeifen zu arbeiten.

Abergläubisches Verhalten

Wenn ein Trainer einem Tier aus Versehen etwas anerzieht, nennt man das abergläubisches Verhalten. Da Tiere so eine schnelle Auffassungsgabe haben und absolut alles bemerken, kann das leicht passieren, und zwar auf unterschiedliche Art und Weise. Wenn man einem Tiger beibringt, sich hinzusetzen, und der Trainer dabei ein klitzekleines bisschen zu langsam ist, dann verstärkt er unter Umständen sein Verhalten, während er sitzt und knurrt. Eigentlich war nur das Sitzen erwünscht, aber jetzt glaubt der Tiger, es gehe um das ganze Paket.

Oder wenn das Sitzen immer nur am selben Fleck geübt wird, dann könnte der Trainer dem Tiger versehentlich beibringen, dass Sitz nur in der südöstlichen Käfigecke gemacht wird, nirgends sonst. Deshalb werden neue Verhaltensweisen an unterschiedlichen Plätzen geübt, selbst innerhalb ein und desselben Käfigs, und sogar in unterschiedliche Richtungen gewandt.

Ein Trainer kann abergläubisches Verhalten auch provozieren, indem er ein Signal hinzufügt, das nicht beabsichtigt war. Neigt er zum Beispiel unbewusst den Kopf zur Seite, während er das Handzeichen macht, dann erwartet das Tier in Zukunft immer beides. Beim nächsten Mal also, wenn der Trainer nur das Handsignal gibt und nicht den Kopf neigt, denkt sich der Tiger: «Hä?» Während der Trainer seinerseits denkt: «Warum setzt sich der Tiger nicht hin?» Verwundert betrachten sie einander.

Menschen setzen auch häufig eins und eins zusammen, wo es eigentlich nicht angebracht wäre. Da gibt es die ganz offensichtlichen Sachen, die Glücksbringer und Talismane, Salz hierhin und dorthin streuen. Selbst die Rationalen unter uns sind dagegen nicht gefeit. Kinder haben meist Tonnen von Maskottchen im Bett. Als ich klein war, musste meine «Babydecke», eine rosa Kindersteppdecke, immer über meiner Brust und unter dem Kinn festgeklemmt liegen. Ich war fest davon überzeugt, dass mich das vor Vampiren und Zombies und Barbiepuppen, denen in der Dunkelheit Fangzähne wachsen, schützte. Warum? Weil ich, wenn ich unter meiner Babydecke schlief, nie von einem Vampir oder Zombie oder einer Barbie mit Fangzähnen gebissen wurde.

Darüber hinaus gibt es die kleinen Dinge, die Angewohnheiten, auf die wir uns unabsichtlich selbst abrichten. Ich kann mich morgens nicht ohne eine Tasse Kaffee an den Computer setzen. Ich habe mir selbst beigebracht, ohne Koffein nicht mit dem Tippen anfangen zu können. Natürlich könnte ich das. Als meine Mutter ihren Zigarettenkonsum reduzierte, sah sie sich einer langen Liste von Aktivitäten gegenüber, die sie ohne Glimmstängel in der Hand für unmöglich gehalten hatte. Wie, so überlegte sie, sollte sie ohne Zigarette telefonieren? Oder einkaufen gehen? Oder Kaffee trinken?

Abergläubische Verhaltensweisen sind im Prinzip versehentlich verstärkte Handlungen. Für mich unterstrich der Begriff, wie leicht man unabsichtlich etwas beibringt, sich selbst und anderen. Wenn ein Verhalten dem Anschein nach ein gutes Ergebnis produziert (ob das nun tatsächlich stimmt oder nicht), dann bleibt das Verhalten hängen. Sieht der Himmel ein wenig dunkel aus, dann nehme ich meinen Schirm mit. Denn wenn nicht, dann scheinen sich immer die Himmelsschleusen zu öffnen und mich durchzuweichen. Natürlich weiß ich, dass mein Schirm nichts damit zu tun hat, ob es regnet oder nicht. Aber irgendwo in den Untiefen meines Gehirns hat meine Erfahrung die beiden Dinge (Schirm in Handtasche = kein Regen, Schirm nicht in Handtasche = Monsun) miteinander verknüpft.

Diese abergläubische Verhaltensweise ist harmlos, wenn auch meine Handtasche dadurch schwerer wird. Andere jedoch können einem auch im Weg stehen. Ich hatte einmal einen Studenten, der mit seinen Hausarbeiten immer wei-

ter in Verzug geriet. Nach jeder Stunde kam er auf mich zu und diskutierte seine wachsende Verspätung und seine ins Stocken geratene Arbeit. Allmählich graute mir vor diesen vorhersehbaren, sinnlosen Gesprächen. Dann wurde mir klar, dass ich das Verhalten verstärkte, und mich beschlich der Verdacht, dass es für ihn zu einem abergläubischen Verhalten geworden war. Dass er zur Fertigstellung einer Hausarbeit zunächst in Rückstand geraten und mit dem Dozenten darüber sprechen musste. Erst dann, unter starkem Druck, konnte er seine Aufgaben erledigen. Das war seine Version einer Kaninchenpfote in der Hosentasche. Ich überprüfte meinen Verdacht bei seinen anderen Dozenten, und tatsächlich verhielt sich der Student in ihren Kursen genauso. Dieses abergläubische Verhalten war nicht harmlos, und die Note dieses Studenten, zumindest in meinem Kurs, zeigte das auch.

Der Tierverstand hat eine wunderbare Schlichtheit an sich. Die Natur hat die Tiere dazu geschaffen, im Hier und Jetzt zu leben. Nicht, dass sie nicht voraus- oder zurückdenken könnten, aber sie verknüpfen immer Ereignisse miteinander, die gleichzeitig passieren. Wenn ein Tiger seine Vorderpfoten an seinen Käfig legt und unmittelbar darauf einen Klick erhält, gefolgt von einem Hühnerhals, dann merkt sich das Tigergehirn: Pfote an Käfig = Klick = Hühnerhals. Genau wie ein Delphin, der seine Nase durch einen kleinen Reifen steckt und daraufhin eine Pfeife hört und eine Makrele bekommt, abspeichert: Nase durch Spielzeug = Pfeife = Makrele.

Wenn ein Trainer Schwierigkeiten mit einer Übung hat,

dann muss als erster möglicher Schuldiger das Timing in Betracht gezogen werden. Meistens hat er ein paar Takte zu spät in seine Pfeife geblasen oder mit seinem Klicker geklickt. Das liegt daran, dass Menschen die Trantüten des Tierreichs sind. Die meisten Tiere sind schnell, beängstigend schnell. Ich habe schon zahllose Beispiele ihrer unheimlichen Geschwindigkeit erlebt. Auf die Aufforderung eines fröhlichen Trainers hin begab ich mich mit eingezogenem Kopf in den geräumigen Zwinger eines Luchses und setzte mich auf einen staubigen LKW-Reifen. Der Luchs selbst befand sich in einem kleineren Käfig neben dem Hauptgehege und beobachtete mich. Ich wusste nicht, was der Trainer vorhatte, bis er mit einem Lächeln das Gatter zwischen mir und dem Luchs öffnete. In der einen Sekunde war das Tier noch ungefähr sieben Meter entfernt von mir, die Ohren gespitzt. In der nächsten hockte es sanft auf meiner Schulter und rieb sich an meinem Hinterkopf wie eine Hauskatze. Ich hatte keine Zeit zu quieken. Ich sah den Luchs nicht einmal springen. Mir müssen fast die Augen aus dem Kopf gefallen sein, während die Wildkatze sich an mich schmiegte, denn der Trainer vor dem Gehege lachte sich kaputt. Wäre ich ein Reh, dann wäre ich ein totes Reh.

Kein Wunder, dass die Schüler des Moorpark College häufig ihren Klicker einen Tick zu spät drückten und damit das falsche Verhalten markierten. Die Hyäne Savuti war ein solcher Quell von Verhaltensweisen, dass er, wenn er das Klicken nicht unmittelbar hörte, nachdem er beispielsweise ein Stück Holz mit seinen irrsinnig starken Kiefern aufgehoben hatte, sofort etwas anderes ausprobierte. Eine

Pfote hochhalten oder über die Schulter sehen und grinsen. Zu dem Zeitpunkt hatten die neuen Schüler es meistens endlich geschafft, ihren Klicker zu drücken, ungefähr vier Verhaltensweisen später.

Bei Menschen konnte ich nicht so präzise wie ein Trainer sein, aber wenigstens machte ich mir Gedanken über mein Timing. Im Idealfall belohnte ich jemanden in dem Augenblick, in dem er etwas Erwünschtes tat. Deshalb ist Applaus so wahnsinnig aufregend; es ist nicht einfach nur eine Reaktion, sondern eine unmittelbare Reaktion. Deshalb ist Schreiben nicht so wahnsinnig aufregend. Die Belohnung kommt Monate, gar Jahre später, wenn überhaupt, aber mit Sicherheit nie, solange man tatsächlich schreibt. Wenn ein Artikel oder ein Buch endlich veröffentlicht wird, beiße ich mir meistens schon wieder die Zähne am nächsten Projekt aus, und das vorige ist nur eine ferne Erinnerung. Das ist, als gäbe man einem Delphin ungefähr zwei Jahre nach dem Salto einen Thunfisch.

Menschen brauchen natürlich nicht dieselbe Unmittelbarkeit wie Tiere. Wir sind daran gewöhnt, unseren Lohn irgendwann später zu kassieren. Dennoch: je eher, desto besser, besonders, wenn man etwas Neues lernt. Wobei das mit dem «eher» nicht so einfach ist, denn menschliche Tiere tun häufig Erwünschtes, wenn man nicht in der Nähe ist. Daher kommt man nicht darum herum, mit Verzögerung zu belohnen. Ich machte es mir zum Grundsatz, immer bei der allerersten Gelegenheit erwünschtes Verhalten zu belohnen. Zu diesem Zweck musste ich etwas an meinem angeborenen Zaudern arbeiten. Auf Einladungen zum Abendessen reagiere ich schnellstmöglich. Wenn mir jemand ein Kompliment über meine Arbeit mailt, schreibe ich sofort eine kurze Dankes-Notiz zurück, statt es erst ewig in meinem Postfach schmoren zu lassen. Wenn ein Geschenk mit der Post kommt, öffne ich es und rufe danach den Spender an. Und wenn ich die seltene Gelegenheit bekomme, jemanden im selben Moment zu belohnen, dann ergreife ich sie sofort beim Schopfe.

Daher auch mein demonstratives Verhalten in diesem Augenblick. Ich mache mich auf die Suche nach Scott, um ihm einen dicken Kuss zu geben. Ich finde ihn im Flur, wo ich einen Stapel ungeöffnete Post erspähe. Ich sehe einfach daran vorbei und spitze die Lippen.

Wann man's besser bleiben lässt

Eines Februarmorgens in SeaWorld beobachtete ich ein Belugamännchen, das aussah wie ein Mini-Moby-Dick, wie es versuchte, sich auf eine Waage neben dem Becken zu hieven. Es schien ein unmögliches Unterfangen, diese Alabastermasse aus dem Wasser zu wuchten. Belugawale sind nicht annähernd solche Springer wie Delphine. Der Wal erhob sich aus dem Wasser, tippte mit dem Kinn auf die Waage und glitt zurück ins Bassin. Dann versank seine gespenstische Silhouette wieder unter der Oberfläche. Er hatte es probiert, aber die Pfeife des Trainers schwieg. Kein einziger Fisch wurde geworfen. Für einen Trainer zählt der Versuch nicht – nur die Durchführung.

Warum? Weil der Trainer den Wal auf der Waage haben wollte. Das war, wie ein Trainer sagen würde, das Kriterium. Wenn der Trainer jetzt tuten und dem Beluga einen Fisch ins Becken werfen würde, dann verstärkte er damit den *Versuch* des Tiers, es auf die Waage zu schaffen. Es spielt keine Rolle, ob sich der Wal ernsthaft bemüht oder nur einen trägen, halbherzigen Einsatz gezeigt hat. So oder so war es nur ein Versuch.

Als der Trainer dem Wal dieses Verhalten neu beibrachte, hat er ihn vielleicht anfangs die Waage mit dem Kinn berühren lassen und ihm dafür eine Belohnung gegeben. Aber dieser Beluga kannte das Verhalten bereits, was auch schnell offensichtlich wurde. Nach einer kurzen Pause gab der Trainer dem Wal ein zweites Mal das Signal. Wieder erhob er sich aus dem Becken, während Wasser an den milchweißen Flanken herabrann, hievte sich auf die Waage und reckte keck die Schwanzflosse, als wollte er sagen: «Was sagst du dazu?» Dort blieb er, während der Zeiger auf der Skala anstieg. Als er beständige tausend Kilo anzeigte, blies der Trainer in seine Pfeife. Zurück im Becken sperrte der Beluga die Schnauze weit für seine Besoldung auf – einen sauber gezielten Fisch.

Wie häufig verstärkte ich den Versuch, wenn ich doch eigentlich die Durchführung anstrebte? Wenn Scott die Kühlschranktür aufmachte und nach einem Glas Salsa suchte, kam ich zu seiner Rettung. Wenn meine Mutter mir erzählte, sie versuche, mit dem Rauchen aufzuhören, lobte ich sie. Wenn ein Freund oder Verwandter einen Berufswechsel erwähnte, dann ermutigte ich ihn. Das Tiertraining zeigte mir wieder einmal, wie meine guten Absichten meine Ziele untergraben konnten, und warum das Anfeuern von Freunden und Verwandten nicht immer

Ergebnisse bringt. Wenn man den Versuch verstärkt, dann bleibt es möglicherweise dabei.

Das Versuchen steht bei Menschen, wie ich feststellte, oft dafür, über dies oder jenes zu reden, manchmal endlos. Menschen bekommen eine Menge Verstärkung für verbale Versuche. Ich musste nur meinen Freunden erzählen, ich überlege, Spanisch zu lernen, und schon sagten sie: «Was für eine tolle Idee! Wie schlau von dir.» Und dafür musste ich nicht ein spanisches Verb konjugieren, sondern es nur ankündigen. *Olé*.

Scott spricht davon, sich Fahrradgruppentouren anzuschließen. Meine Freundin Dana spricht davon, Schwangerschaftspfunde loszuwerden, und das seit der Geburt ihres Jüngsten vor sieben Jahren. Meine Mutter, die seit dem Pleistozän dabei ist, das Rauchen aufzugeben, spricht mit mir darüber, wie sie die sehr vereinzelten Zigaretten weglassen könnte. Ich schlage Raucherpflaster vor. Sie würde lieber Vitamine schlucken oder mehr Wasser trinken. Noch einmal schlage ich ein Pflaster vor. Wir sprechen darüber.

Wenn Scott von irgendwelchen Gruppenaktivitäten erzählte, triefte ich vor Zuspruch. Ich versicherte meiner Freundin, dass sie super aussehe. Ich spornte meine Mutter an. Dann stellte ich fest, dass ich in diesen Gesprächen nur das *Reden* über Gruppentouren, Speckkröllchen-Loswerden oder Nichtrauchen verstärkte. Ich war wie ein Trainer, der einem Beluga dafür einen Fisch zuwirft, dass er nur das Kinn auf die Waage legt. Was in Ordnung ist, wenn einem nicht wirklich etwas daran liegt, dass der Mann, die Freundin, die Mutter diese Dinge auch tun. In dem Fall aber sollte ich mir meine Ermunterung sparen. Ich möchte wirklich, dass meine Mutter das Rauchen sein lässt. Ich wäre wirklich froh, wenn mein Mann, dieses einsiedlerische Wesen, etwas Geselliges unternähme. Dana allerdings sieht großartig aus, mit Schwangerschaftspfunden oder ohne. Ich werde mich weiterhin mit ihr über Zellulitis unterhalten und darüber, welche Art von Badebekleidung sie sich erlauben kann. Dana sagt, einen Einteiler mit Röckchen. Ich sage, einen Bikini.

Auf die Größe kommt es an

Bevor die Nachwuchstrainer im Lehrzoo die Arbeit mit den Raubkatzen aufnahmen, hackten sie Hühnerhälse in perlrosa Stückchen. Sie zerkleinerten Bananen, Trauben und Äpfel zu münzgroßen Happen, ehe sie das Kapuzineräffchen herausholten. Sie schnitten Süßkartoffeln in Viertel und Möhren in Scheiben, bevor sie mit dem Wasserbüffel Gassi gingen.

Die Faustregel für die Verstärkerportion lautet, die kleinste Menge zu wählen, die den Zweck erfüllt. Wenn ein Affe sich für ein Stückchen Banane bemüht, dann darf man ihm nicht die ganze Frucht anbieten. Wenn der Büffel auch für ein Viertel Süßkartoffel arbeitet, gibt man ihm nicht die ganze Knolle. Das hat praktische Gründe. Der Affe braucht länger für die ganze Banane als nur für ein Stück. Das Training kommt knirschend zum Stillstand, während man darauf wartet, dass er den Leckerbissen verspeist. Darüber hinaus ist ein Affe schnell gesättigt, wenn er ganze Bananen bekommt, und verliert das Interesse am Training. Man übt vielleicht drei oder vier Verhaltensweisen mit ihm, und dann ist Schluss. Bei kleinen Häppchen füllt sich sein Magen langsamer, und er bleibt länger ein williger Schüler.

Den Maßstab «Weniger ist mehr» übernahm ich für die positive Verstärkung bei Menschen. Ich stellte fest, dass ich dadurch vermied zu übertreiben. Niemals Scott mit Küssen überhäufen, wenn er eine Socke in den Wäschekorb steckt. Wenn ein sachliches «Danke» auch reichte, dann beließ ich es dabei. Diese Herangehensweise stellte sicher, dass die Dankbarkeit im Verhältnis zur Aufgabe stand. Wenn ich Scott stürmisch umarmte, weil er die Post hereinholte, dann empfände er das eher gönnerhaft als verstärkend. In dieser einen Hinsicht unterscheiden sich Menschen von allen anderen Tieren. Ein Tier würde eine extragroße Belohnung niemals als Kränkung auffassen. Ein Mensch unter Umständen schon. Zudem sorgte diese Maßnahme dafür, die Verstärkung auch für mich verhältnismäßig zu halten. Ich wäre nicht in Versuchung, durch Sarkasmus zu übertreiben, so, als ob man einem Wasserbüffel ein riesiges, aber verfaultes Stück Süßkartoffel gäbe.

Manchmal allerdings ist tatsächlich eine ganze Süßkartoffel gefordert. Je größer oder schwieriger die Anforderung, desto höher der erforderliche Preis. Das Training muss für die Tiere auch der Mühe wert sein. In *Positiv bestärken – sanft erziehen* schreibt Pryor, dass im Sea Life Park auf Hawaii die Unechten Schwertwale (die den Orcas ähneln, aber schlanker und fast ganz schwarz sind) für die

Standardbelohnung von zwei Fischchen keinen gewaltigen Siebenmetersprung senkrecht aus dem Wasser machten. Für eine solche Meisterleistung verlangten sie eine höhere Bezahlung – eine große Makrele.

Auch das hört sich wieder schmerzlich banal an. Aber wie häufig passen wir Menschen die Belohnung nicht an die Aufgabe an. Bei einer Tageszeitung, für die ich einmal arbeitete, wurde ich immer dazu abkommandiert, die Urlaubsvertretung für meinen Chef zu übernehmen. Das war als eine Art Kompliment gemeint; aber das Ende vom Lied war, dass sich meine Arbeitsbelastung verdoppelte, einige meiner Kollegen mich schief ansahen und ich an endlosen Sitzungen teilnehmen musste, die mehr dem männlichen Schulterschluss dienten (Jungs, macht das doch in eurer Freizeit) als der Besprechung der Titelstory. Für all das erhielt ich ungefähr zwanzig Dollar extra die Woche. Umgerechnet in Fische würde ich sagen, das war ein halbes Fischchen für einen Unechten Schwertwal – ein mickriges, vertrocknetes halbes Fischchen. Sobald ich irgendwie konnte, mogelte ich mich aus dieser Urlaubsvertretung heraus. Für einen schäbigen kleinen Fisch wollte ich nicht so hoch springen.

Eine weitere Faustregel für Trainer ist, dass man dem Tier etwas Besseres geben muss, als es schon hat. Wenn ein Schwertwal sich gerade damit amüsiert, mit einem Ball oder einem Kumpel zu spielen, dann muss die angebotene Belohnung für seine Aufmerksamkeit mehr wert sein als das Herumtoben. Wenn ein Fennek für sein Leben gern in seiner Box schläft und man möchte, dass er herauskommt und trainiert, dann braucht man einen Leckerbissen, der dem kleinen Räuber mit den großen Ohren mehr zusagt als ein gemütliches Nickerchen.

In diesen beiden Fällen tun die Tiere das, was man selbst verstärkendes Verhalten nennt. Einfach formuliert ist ein selbst verstärkendes Verhalten in sich befriedigend. Das gibt es in allen Formen und Farben, sowohl für Menschen als auch für Tiere, von der Atlantiküberquerung im Segelboot bis hin zum Knacken von Bläschenfolie. (Selbst mein Hund Penny Jane macht Letzteres gern. Sie klemmt die Folie zwischen ihre Pfoten und lässt die Bläschen mit den Zähnen zerplatzen.) Wenn man den Akt selbst genießt, ob nun bei Chanel shoppen oder sich räuspern, dann ist er selbst verstärkend. Je selbst verstärkender ein Verhalten, desto schwerer ist es, jemanden davon abzuhalten oder abzulenken. Man braucht dann eine Belohnung, die mehr verstärkt als dieses Verhalten. Das gilt für das gesamte Tierreich.

In einem Restaurant, in dem ich einmal gearbeitet habe (dem mit den Muschelsuppen-/Kaffeebechern), zielte ich häufig mit einer Dose Sprühsahne auf ein Stück Kürbiskuchen, drückte den Knopf herunter und *platsch*, eine flüssige Sahnelache ersäufte das Dessert. Der Sprüh aus der Sprühsahne war mal wieder in den Köchen verschwunden. Sie hatten das Lachgas aus der Dose inhaliert, während sie Salate zubereiteten oder Hühnerbrüste auf dem Grill wendeten. Wenigstens waren sie dann greifbar. Oft genug aber deponierte ich eine Bestellung in der leeren Küche. Dann hatten sich alle mit ein oder zwei Dosen hinter das Restaurant verkrümelt. So viel zur Selbstverstärkung.

Betteln, Schimpfen oder Nörgeln brachte uns Kellnerinnen natürlich keinen Schritt weiter. Sich mit dem Gas zu bedröhnen, war unser strafendes Gekreische wert. Um sie von den Dosen abzubringen oder sie zumindest in der Küche festzuhalten, brauchten wir eine richtig große Makrele – Freigetränke von der Bar. An hektischen Abenden schmuggelten wir also einen steten Strom an Bier und Cocktails in die Küche. Gut, vielleicht war das sittlich nicht ganz astrein. Aber wir bekamen das gewünschte Verhalten – unsere Essensbestellungen – und retteten den Köchen einige Gehirnzellen, zu Lasten diverser Leberzellen. Das Kellnern bringt irgendwie den instinktiven Tiertrainer in einem zum Vorschein.

Jackpot!

Scott jagt die Treppe hinauf, um eine Tasche zu packen. Er hat gerade erfahren, dass unsere Mieter in Boston, ungefähr zwei Autostunden von hier, ausgezogen sind, aber die Heizung an- und die Fenster aufgelassen haben. Es ist Ende November. Unsere Wohnung heizt den Berichten des Nachbarn zufolge den gesamten Wohnblock. Scott lässt an diesem ersten Tag seines Thanksgiving-Urlaubs alles stehen und liegen, um nach Süden zu rasen und unsere Gasrechnung zu retten. Als er auf dem Weg in den Keller durch die Küche stürmt, grummelt er zwar vor sich hin, aber im Großen und Ganzen trägt er es mit Fassung. Zeit, wie ich feststelle, für einen Jackpot.

Ein Jackpot ist genau das, wonach es klingt: eine schöne, große, saftige Portion positiver Verstärkung. Im Idealfall ist es eine Überraschung, als würde ein Spielautomat plötzlich all die herrlichen Münzen ausspucken. Der Bonus, der Hauptgewinn, auch das sind Jackpots.

Trainer verteilen einen Jackpot, wenn ein Tier einen richtigen Durchbruch erzielt. Ein Jackpot ist wie ein ganzes Stadion voller jubelnder, «Hurra» brüllender Fans. Manche Trainer setzen ihn auch als Weckruf ein, wenn ein Tier nicht reagiert. Karen Pryor warf einmal einem schmollenden Delphin zwei Fische einfach so ins Becken, was das Tier aus seiner Apathie rüttelte. Perfekt ist es, wenn der Jackpot mit der Handlung zusammenfällt, die man anregen möchte. Aber wie üblich ist das bei Tieren leichter zu erreichen als bei Menschen.

Im vorliegenden Heizungsnotfall ist das Timing einmal auf meiner Seite. Denn es geht mir nicht darum, Scotts Fahrt nach Boston zu verstärken, sondern, dass er die Aufgabe mit Fassung trägt. Und genau das tut er gerade.

Das ist also eindeutig der passende Moment, einen ganzen Eimer voll Fisch ins Becken zu werfen. Ich renne nach oben und ziehe ein Weihnachtsgeschenk für Scott aus dem Schrank, ein Zubehörteil für seine Stereoanlage. In Windeseile rase ich zurück in die Küche und stelle das glänzende weiße Ding auf die Herdinsel. Ich höre ihn die Kellertreppe hochstapfen. Die Tür öffnet sich quietschend, er tritt ein, sein Blick fällt auf das blitzende neue Spielzeug. Er erstarrt. Sein Unterkiefer fällt buchstäblich herunter. Er ist so begeistert von seinem Jackpot, dass er seine Abfahrt noch um eine Stunde verschiebt, um damit zu spielen. Der Mann, der den Klingelton an seinem eigenen Handy nicht verstellen kann, hat dieses Gerät in null Komma nichts installiert. Unten in Boston bläst heiße Luft aus unserem offenen Fenster, aber ich hetze Scott nicht. Ich denke mir, sich am Jackpot zu freuen gehört zum Jackpot dazu.

Die Mischung macht's

Ich stehe bis zur Hüfte in einem Becken voller kaltem, blauem Wasser. Trotz der Sonne, trotz des Neoprenanzugs erschauere ich jedes Mal, wenn eine kleine Woge heranschwappt. Vor mir piekt eine graue Delphinschnauze durch den sanften Wellengang des Bassins. Deshalb ist das Wasser salzig, und die Temperatur liegt bei knapp dreizehn Grad Celsius. Auf Anweisung des Trainers neben mir deute ich mit einem Finger nach links. Ich habe keine Ahnung, wozu ich die Delphindame gerade aufgefordert habe, aber sie tut es. Das Tier verschwindet unter Wasser. Ich suche das Becken nach der Spitze der Rückenfinne oder einem flinken Schatten ab. Nichts. Urplötzlich bricht der Delphin wie ein Geysir aus der Mitte des Beckens hervor.

Als das Weibchen gen Himmel schießt, bläst der Trainer in seine Pfeife. Sie platscht zurück ins Wasser und taucht unmittelbar vor mir wieder auf. Der Trainer reicht mir eine Handvoll Eiswürfel. Ratlos betrachte ich das Eis, dann den Trainer. «Gib sie ihr», fordert er mich auf. Ich wende mich wieder dem Delphin zu, doch da bemerke ich, dass sein Lächeln von kleinen, aber sichtlich scharfen Zähnen gesäumt ist. Da sind viel mehr von diesen Zähnen, als ich je gedacht hätte. Ich riskiere den ein oder anderen Finger und stecke ihm die Eiswürfel zwischen die Kiefer. Das Geräusch, mit dem der Delphin sie heruntergurgelt, erinnert mich an einen Mixer.

Eis ist nur eine von vielen Belohnungen von Trainern für Delphine. Außerdem bekommen sie Wackelpuddingwürfel, Streicheleinheiten und Spielzeug. Die Schwertwale werden mit einem Strahl aus dem Wasserschlauch oder einem Blick in den Spiegel verwöhnt. Eisbären lassen sich gefrorene Wassermelonenstücke zuwerfen. Im Moorpark College benutzt Mara Rodriguez ihre sogenannte «fröhliche Stimme», um die Pumas zu belohnen. Oder sie rubbelt ihnen über den Kopf oder rückt näher an die Katzen heran, was sie gern mögen.

Je mehr Verstärker, desto besser. Denn selbst Geschenke können, wenn sie vorhersehbar sind, ihren Reiz verlieren. Durch eine größere Auswahl bekommt ein Tier nicht eine einzelne Belohnung zu schnell satt. Zudem wird verhindert, dass das Training – wie auch das Leben der Tiere – nicht zu sehr zur Routine wird. Nicht essbare Verstärker wie ein Kraulen am Kinn sorgen für mehr Abwechslung, haben aber den zusätzlichen Vorteil, dass die Trainingssitzung länger ausgedehnt werden kann, selbst wenn der Magen des Tiers schon voll ist.

An dieser Stelle käme dann wieder sehr gelegen, die speziellen Eigenarten seines Tiers möglichst gut zu kennen, weil Verstärker ebenso wie Strafen subjektiv sind. Für Beutetiere, die sich selbst um ihre Körperpflege kümmern, ist ein Kratzen durch den Trainer nicht sonderlich verlockend. Für Aras, die sich gegenseitig putzen, normalerweise schon. Dennoch wird sich ein in freier Wildnis aufgewachsener Papagei möglicherweise nicht so bereitwillig mit einem Kraulen des Trainers anfreunden wie ein von Menschen aufgezogener. Auch kann sich der Wert einer Belohnung mit dem Alter eines Tieres verändern. Ein junges Tier bevorzugt vielleicht Spielen, verlegt sich aber im Laufe der Jahre auf Leckerbissen. Zusätzlich kann die Wirkung eines Verstärkers auch je nach Situation schwanken. Ein fröhliches Tier freut sich möglicherweise über ein Tätscheln, ein besorgtes nicht.

Also hielt ich es für eine gute Idee, auch bei Menschen eine bunte Mischung von Verstärkern einzusetzen, und wenn nur, um nicht ständig «Danke» sagen zu müssen. Ich dachte mir für Scott eine ganze Liste aus: Lächeln, Umarmungen, Küsse, Komplimente, Haare zausen und Geschenke (besonders Zubehör für Stereoanlage und Fahrrad). Ihm eine seiner Haushaltsaufgaben abzunehmen, beispielsweise den Müll wegbringen, gilt auch. Dana liebt Zeitschriften. Wenn sie sich also die Zeit nimmt, sich mit mir am Strand zu treffen, bringe ich ihr manchmal eine oder zwei zum Durchblättern mit. Hannah schenke ich hin und wieder etwas Glitzerndes dafür, dass sie meine Rohfassungen liest. Wenn meine Mutter anruft, belohne ich sie mit lustigen Geschichten über mich, meinen Ehemann oder meine Hunde. Meine Hunde wiederum, vor allem Miss Dixie, fungieren selbst als Leckerchen für einige meiner Freunde. Bei den seltenen Gelegenheiten, zu denen ich sie nicht zu einem Mittagspausentreff mit meinem Freund Ray im Park mitbringe, sieht er mich so enttäuscht an wie ein Seelöwe, der einen Salto gemacht und dafür keinen Tintenfisch bekommen hat. Betrübt fragt er mich dann: «Wo ist Dixie?»

Im Rückblick fällt mir auf, dass alle meine guten Chefs instinktiv eine breite Auswahl von Anreizen einsetzten, was besonders effektiv ist, da die Vorhersagbarkeit eines Gehalts seine Macht untergraben kann. Nach und nach empfindet man es eher wie eine Gratisfütterung, was zwar ganz nett ist, wie jedes Kamel einem bestätigen würde, aber nicht immer die stärkste Motivation. Zwei meiner ehemaligen Chefs legten Wert darauf, mich mit Storys zu beauftragen, über die ich mich besonders freuen würde. Ein anderer, ein Chefredakteur, hinterließ Post-its an unseren Computern, auf denen in seiner winzigen Handschrift Komplimente über seiner Ansicht nach gelungene Artikel standen. Meine Kollegen und ich nannten diese Mitteilungen «Lou-Zettel»: «Du hast einen Lou-Zettel gekriegt, du Penner.» Noch ein anderer Chef, Bob, schickte uns gelegentlich freitagnachmittags früher nach Hause. «Raus hier», verkündete er dann plötzlich, woraufhin wir uns frohgemut aus dem Staub machten. Wir liebten Bob.

Variable Verstärkung

Wenn Tiertrainer ein neues Verhalten einüben, dann sind sie sehr großzügig mit den Leckerbissen. Immer, wenn das Tier eine Stufe schafft, bekommt es einen. Wenn aber ein Tier das neue Kunststück im Griff hat, dann lässt der Trainer die Belohnungen langsam zurückgehen und setzt einen variablen Verstärkerplan ein. Das bedeutet, dass das Tier für ein Verhalten manchmal einen Verstärker erhält und manchmal nicht. Das geschieht nicht, um Tintenfisch oder

Affenfutter zu sparen. Sondern es ist eine sehr effektive Methode, um Verhaltensweisen aufrechtzuerhalten.

Wie Skinner bewiesen hat, Trainer demonstrieren und das gesamte Tierreich verdeutlicht, wiederholen Organismen Handlungen, die gute Ergebnisse hervorbringen. Verstärkung regiert die Welt. Das sitzt so tief in allen Lebewesen, dass das Gute nicht jedes einzelne Mal eintreffen muss, noch nicht einmal annähernd. Nur gerade oft genug, um das Tier weiter zu motivieren. Mal findet ein Schimpanse eine Frucht auf dem Dschungelboden und mal nicht, aber einen Blick ist es allemal wert. Ein Löwe bringt mal ein Gnu zur Strecke und mal nicht, aber einen kurzen Spurt ist es allemal wert. Mal setze ich auf der Rennbahn auf das Gewinnerpferd und mal nicht – meistens eigentlich nicht –, aber zwei Dollar ist es mir allemal wert.

Wie jeder weiß, der es schon mal mit dem Glücksspiel probiert hat, von der Pferdewette bis hin zum Bingo, ist eine variable Verstärkung extrem wirkungsvoll. Selbst sehr vereinzelte Gewinne halten einen bei der Stange. In all den Jahren, seit ich auf die Rennbahn gehe, kam ich nur an ein oder zwei Tagen mit einem Plus nach Hause. Trotzdem studiere ich weiterhin gewissenhaft die Rennergebnisse, inspiziere Pferde und Jockeys, platziere meine Wette, stelle mich dann auf die Tribüne und halte den Atem an. Jedes Rennen könnte ein Häppchen einbringen, potenziell sogar ein richtig großes. Wie damals, als ich in Santa Anita eine Glückssträhne hatte und insgesamt achtundvierzig Dollar gewann.

Variable Verstärkung ist insofern ein zweischneidiges Schwert, als sie sowohl erwünschtes, als auch unerwünschtes Verhalten aufrechterhält. Unabsichtlich bringen Leute über variable Verstärkung ihren Hunden das Betteln bei (indem sie ab und zu dem flehentlichen Blick nachgeben), Kindern Wutanfälle (indem sie ab und zu dem Gekreische nachgeben) und Ehepartnern das Nörgeln (indem sie ab und zu dem Meckern nachgeben). Genau deshalb setzte ich meinem Mann immer weiter zu, denn immer mal wieder funktionierte es, und Scott packte seinen Koffer aus oder rasierte sich.

Man kann auch ein Verhalten, das einem nicht besonders gefällt, intensivieren. Wenn man gelegentlich einen Happen herausrückt, nachdem der Hund praktisch die gesamte Mahlzeit über gebettelt hat, dann bringt man ihm bei, mehr Sitzfleisch zu beweisen. Wenn man gelegentlich auf dem Höhepunkt des Wutanfalls die Waffen streckt, dann bringt man dem Kind bei, dass Ausdauer und markerschütternde Lautstärke zum Ziel führen. Wenn man gelegentlich den Müll nach einer vollen Woche Stänkern heraus trägt, dann bringt man dem Nörgler bei, dass sieben Tage Quengeln die Zauberformel ist.

Ich übernahm die Methode der variablen Verstärkung nicht bewusst. Doch ich stellte fest, dass ich Scott oder andere nicht jedes einzelne Mal belohnen musste, wenn sie etwas Erwünschtes taten. In manchen Fällen war es sogar besser, es zu unterlassen. Der Dank und die Anerkennung könnten bedeutungslos werden, ganz abgesehen davon, dass es für mich selbst lästig wäre. Der Trick war, das von mir erwünschte Verhalten oft genug zu belohnen, sodass die Leute nicht damit aufhörten, ergo diese Verhaltensweisen aufrechterhalten wurden.

Darüber hinaus lieferte die variable Verstärkung eine Erklärung dafür, warum Leute taten, was sie taten. Endlich begriff ich, warum meine Mutter nie mit dem Rauchen aufhört. Indem sie immer mal wieder ein paar Zigaretten raucht, hält sie die Gewohnheit am Leben, vielleicht sogar stärker als durch ein ganzes Päckchen pro Tag. Ich verstand, warum eine Freundin an ihrer so trostlosen Beziehung festhielt. Ihr Freund warf ihr gerade häufig genug eine Makrele zu, um sie auf die nächste hoffen zu lassen.

Endlich wurde mir auch klar, warum ich mit dem Gärtnern nicht aufhören konnte, trotz ausgiebigem Herzschmerz und Fluchen jeden Sommer. Obwohl der Sonnenhut immer so anämisch aussieht wie ein Laufstegmodel, das rote Lampenputzergras sich weigert zu blühen und mindestens ein Rhododendron pro Jahr mit dem Pathos eines Stummfilmstars sein Leben aushaucht, gedeihen gerade eben genug Pflanzen, um mich weiter graben, pflanzen und düngen zu lassen. Verdammt sei die variable Verstärkung dieser prahlerischen Taglilien und Hortensien, die ab und zu ihre Blütenpracht entfalten! Und diese Narzissen, die in manchem Frühling die Erde beiseiteschieben und mich dazu verlocken, ein weiteres Mal die Schaufel zur Hand zu nehmen. Dieser Garten hat mich eindeutig dressiert.

SIEBEN

Schritt für Schritt

Ein Trainer würde niemals einem Elefanten einfach einen Pinsel in den Rüssel drücken und sagen: «An die Arbeit, Monet.» In einem privaten Elefantengehege in Südkalifornien, dem Have Trunk Will Travel, wird dem Elefanten zunächst beigebracht, seinen Rüssel um den Pinsel zu wickeln. Danach wird er angeleitet, den Pinsel in eine Wasserschüssel zu tauchen. Dann den Pinsel ins Wasser und in die Farbe zu stecken. Dann ins Wasser, in die Farbe und danach auf die Leinwand. Und so weiter, bis der Elefant am laufenden Band abstrakten Expressionismus produziert. Aus irgendeinem Grund, so erzählte mir ein Trainer, fällt es den Elefanten häufig schwer zu lernen, den Pinsel zwischendurch ins Wasser zu tauchen, bevor sie eine neue Farbe nehmen. Möglicherweise hatte Jackson Pollock dasselbe Problem.

Diese Phasen nennen Trainer eine sukzessive Annäherung, schrittweise wird ein völlig neues Verhalten gelernt. Im Prinzip wird von unten nach oben konstruiert, indem jeweils eine Handlung eingeübt wird, die dann wiederum die Grundlage für die jeweils nächste bildet und so weiter. Als zum Beispiel der baumlange Schüler des Moorpark College endlich die Schultern genug hängen ließ, um die Paviandame Rosie nicht mehr zu verunsichern, brachte er ihr zunächst bei, still auf einem Skateboard zu sitzen. Als Nächstes schob er das Brett sanft mit der Hand vor und zurück, während Rosie darauf hockte. Als sie sich daran gewöhnt hatte, trainierte er sie darauf, auf allen Vieren auf dem Board zu stehen, während er es schaukelte. Und schließlich brachte er Rosie bei, eine ihrer schwarzen Fußsohlen auf den Boden zu setzen und sich abzudrücken. Und so kam es, dass ein weiterer Skater den amerikanischen Asphalt unsicher macht – nur dass dieser ein hellrosa Hinterteil besitzt, gekrönt von einem keck aufgerichteten Schwanz.

Das Konzept der allmählichen Annäherung ist für Menschen nicht neu. So unterrichten wir alle möglichen Fähigkeiten, vom Lesen bis zum Tennisspielen. Trotzdem wurde mir bei der Beobachtung der Tiertrainer klar, dass wir Menschen viel zu oft von Freunden, Verwandten, Angestellten und Kollegen eine Komplettveränderung sofort und auf der Stelle verlangen. Das galt jedenfalls für mich. Ich hatte geglaubt, ich müsste Scott nur erklären, wie sehr mich seine Jeans, T-Shirts und Pullis am Fußende unseres Bettes nervten, und über Nacht würde er eine Gewohnheit ablegen, die sich sein Leben lang aufgebaut hatte. Wenn er den schwankenden Stapel nicht entfernte, dann gäbe es keine positive Verstärkung für ihn. Ganz im Gegenteil sogar: Ich räusperte mich, seufzte laut, machte blöde Bemerkungen und wiederholte zunehmend theatralisch, warum mich das so ärgerte. Meine Erwartungen – ganz zu schweigen von meinen Reaktionen – waren nicht nur übertrieben, sondern kontraproduktiv. Der Beweis dafür war sein Verhalten, nämlich mich anzufauchen und kein einziges T-Shirt aufzuräumen.

Wenn ein Tier ein Verhalten verweigert, den nächsten

Schritt nicht machen will, dann ist der vermutlich zu groß. Das Gleiche gilt für eine Angewohnheit, die man über Nacht verändern will. Leider setzen wir Menschen großes Vertrauen in den Riesenschritt, die Wende, den Erfolg über Nacht, die Runderneuerung, besonders, wenn es um uns selbst geht. Jedes Jahr stellen wir eine Liste von angepeilten gewaltigen Veränderungen auf, auch bekannt als «Gute Vorsätze fürs neue Jahr». Und wir alle wissen, wie gut die funktionieren. Man kann einfach nicht urplötzlich von Person A zu Person B werden, auch wenn wir uns das noch so gerne einbilden. Warum das nicht geht, liegt für einen Tiertrainer klar auf der Hand.

Jemanden ins kalte Wasser zu werfen, ist ein weiteres Beispiel für übergangslose Annäherung. Zu häufig ist das unser Modus Operandi, obwohl dabei schon so mancher untergegangen ist. Bei vielen Zeitungen ist es üblich, neue Reporter unter einer Tonne Artikel zu begraben, um sie schnell an das übliche Tempo zu gewöhnen. Es kostet sie außerdem einige Jahre ihres Lebens, wie ich bezeugen kann. Nichts lässt den Blutdruck so in die Höhe schnellen, wie auf Hochtouren zu arbeiten und seinen neuen Chef beeindrucken zu wollen, wenn man noch nicht einmal die Löschtaste am Computer gefunden hat. Möglich, dass man auf diese Weise schneller das nötige Tempo erreicht, aber zu welchem Preis? Mit dieser Methode verheizen viele Arbeitgeber ihre neuen Angestellten innerhalb der ersten paar Monate. Sie verwandeln einen energiegeladenen, schaffensfreudigen Angestellten in kürzester Zeit in einen abgekämpften, gereizten Befehlsempfänger.

Nicht gerade ermutigend ist, dass solche übergangslosen

Annäherungen allerorten zu finden sind, manchmal auch dort, wo man es niemals erwarten würde. Mit fünf Jahren brachte meine Mutter mich zum Schwimmunterricht. Das Becken war so gigantisch groß, dass das tiefe Ende von einem Bademeister in einem kleinen Ruderboot bewacht wurde. Von dieser Stunde ist mir nur eines im Gedächtnis geblieben: Um uns an das Gefühl unter Wasser zu gewöhnen, befahl uns die Lehrerin, den Atem anzuhalten, drückte uns unter die Oberfläche, stellte uns ihren Fuß auf den Kopf und schob unsere kleinen Körper bis auf den Grund. Ich weiß noch genau, wie ich mich mit meinen winzigen Fingernägeln in ihren Fuß krallte. Vielleicht hat ihr System funktioniert, denn obwohl sie mich halb ertränkte, lernte ich schwimmen und habe heute auch keine Angst vor tiefem Wasser. Was sie mir allerdings auf jeden Fall beibrachte, ist Angst vor Schwimmlehrern. Nie wieder ging ich zu einer Schwimmstunde.

Diese Art von Feuerprobe ist nicht nur unzumutbar, es ist auch eine extrem lustlose Lehrmethode. Eigentlich ist es überhaupt kein Lehren, es ist ein «Mach das, weil ich es sage». Für mich hat es einen autoritären Beigeschmack. Von einem Seelöwen würden wir nicht erwarten, dass er übergangslos begreift, wie man auf Kommando salutiert. «Komm schon, du bist doch ein Meeressäuger. Das kriegst du schon hin.» Ehepartner mildern diesen Ansatz ab zu einem «Tu es mir zuliebe». Chefs sagen «Weil es dein Job ist», Eltern «Weil ich es sage». Man kann bitten oder befehlen, aber wenn man zu viel auf einmal verlangt, dann bekommt man höchstwahrscheinlich nicht, was man will. Chaoten verwandeln sich nicht auf einen Schlag in Ordnungsfanatiker, Zu-spät-Kommer werden nicht zu Pünktlichkeitsaposteln und Raser nicht zu Tempolimitsympathisanten, egal wie sehr sie einen respektieren, mögen oder gar lieben.

Zu Hause hörte ich auf, sofortige radikale Veränderungen von meinem Mann zu erwarten. Stattdessen gewöhnte ich mir an, kleine Fortschritte zu loben. Ich klatschte Scott Beifall, wenn er ein paar Stundenkilometer langsamer fuhr oder mich kürzer als üblich im Restaurant auf ihn warten ließ. Wenn er seinen Kleiderhaufen vom Fußende des Bettes auf seinen Posaunenkasten umschichtete, betrachtete ich das als erwähnenswerte Verbesserung. Wenn der Haufen gelegentlich schrumpfte, ebenfalls.

Durch die sukzessive Annäherung wurden nicht nur meine Erwartungen realistischer; es fiel mir auch leichter, ein Verhalten zu analysieren, die kleinen Einzelteile zu erkennen, die die Summe ausmachten, und die unterwegs lauernden Schwierigkeiten zu verstehen. Ich mache das auch bei mir selbst. Eigentlich hatte ich das beim Schreiben schon immer getan, indem ich mich auf den einzelnen Satz konzentrierte oder auf die Ausarbeitung eines schwierigen Absatzes und gleichzeitig vermied, an den ganzen Artikel oder das Buch zu denken. Doch auf mein Privatleben hatte ich diese Logik nicht angewandt. Wenn ich mich heute von einer Aufgabe überwältigt fühle, besonders, wenn ich etwas vor mir herschiebe, dann breche ich sie in kleine Einzelschritte auf. Sowohl mein Physiotherapeut als auch mein Arzt und all meine Freunde empfahlen mir Yoga. Jedes Mal, wenn ich daran dachte, kam mir «Yoga machen» wie eine lebensverändernde Umwälzung vor. Ich ging nie zum Sport. Ich besaß keine Sportkleidung. Einmal rief ich einen Yogalehrer an, um mich nach seinem Unterricht zu erkundigen, und er erklärte mir, ich müsse «in meinem Körper sein». Das war nun so ungefähr das Einzige, mit dem ich ganz zufrieden war, dass ich nämlich bereits in meinem Körper war. Dazu brauchte ich keine Hilfe, also meldete ich mich nicht zu seinem Kurs an. Allerdings waren meine Muskeln seit dem Sportunterricht 1975 nicht mehr vernünftig gedehnt worden. Ich würde an meinen Kniesehnen arbeiten müssen, um «Yoga zu machen». Und so verstrich ein weiterer Tag ohne die geringste Annäherung an den Lotussitz. Schließlich teilte ich das Vorhaben in kleine Abschnitte auf: Yoga-Klamotten kaufen, Yoga-Matte besorgen, Kurs aussuchen, anmelden, Kurs besuchen und ganz am Ende der Lotussitz. Ich fing mit dem ersten Schritt an, dem Klamottenkaufen, was einer Jägerin und Sammlerin wie mir Spaß machen würde. Weiter bin ich noch nicht gekommen, aber es ist ein Schritt weiter als vorher.

Mir wurde auch klar, dass bei der Operation Hörgerät einige Zwischenschritte nicht schaden könnten. Jahrelang hatte ich versucht, meine Mutter durch Quengeln von dieser Notwendigkeit zu überzeugen, obwohl sie das mit schöner Regelmäßigkeit auf die Palme brachte, ähnlich wie «Landei» genannt zu werden. «Die Dinger sind zu teuer», sagt sie dann. «Dann bezahle ich sie eben», erwidere ich. «Alle, die eins haben, hassen es», gibt sie zurück. «Auf dem Gebiet wurden große Fortschritte gemacht», erkläre ich. Ungefähr an diesem Punkt, besonders wenn ich ihr einen weiteren Zeitungsausschnitt in die Hand gedrückt habe, funkelt sie mich meistens böse an. Aus purer Verzweiflung wagte ich einmal einen Vorstoß im Sinne von: «Nur Landeier besorgen sich keine Hörgeräte.» Das war ungefähr wie ein Kamel mit einem Viehtreiber ins Maul zu piken. Wie nicht anders zu erwarten, ging das Kamel in die Offensive. Sie schnauzte mich an.

Ständig formulierte ich den Vorschlag um, versuchte unterschiedliche Stimmlagen, aber vor allem wiederholte ich mich. Beim letzten Mal, als ich mich über meine Mutter hermachte, dämmerte mir mitten im Gespräch, dass ich vielleicht eine zu schnelle Annäherung verlangte. Was wäre der erste Schritt zu einem Hörgerät? Ein Hörtest. Also setzte ich mir dieses Ziel. Noch hat sie den Test nicht gemacht, aber wenigstens reagiert sie nicht ganz so heftig auf den Vorschlag wie auf das Wort Hörgerät. Das ist ein Fortschritt. Vielleicht muss ich die Schritte noch weiter unterteilen. Erst mal nur einen Termin für einen Hörtest vereinbaren. Dann sie ins Auto bugsieren, um zum Termin zu fahren. Und so weiter.

Zurück in den Kindergarten

Genau wie bei der positiven Verstärkung steckt hinter den kleinen Schritten eine Wissenschaft, sogar Regeln. In ihrem Buch *Positiv bestärken – sanft erziehen* listet Karen Pryor zehn auf. Diese werden auch im Moorpark College gelehrt. Viele professionelle Trainer, vor allem Trainer von Meeressäugern, können diese Regeln auswendig. Vermutlich sogar in der richtigen Reihenfolge.

Alle davon sind auf Menschen anwendbar, aber nur fünf haben es bei mir in die engere Auswahl geschafft. Die einzelnen Schritte nicht zu groß zu halten, wie oben beschrieben, ist Numero eins, sowohl auf meiner Liste als auch auf der von Karen Pryor. Das ist natürlich für mich der Spitzenreiter. Nummer zwei lautet: Wenn eine Verhaltensweise sich verschlechtert, muss man zurück in den Kindergarten.

Eines Sommernachmittags im Lehrzoo beobachtete ich, wie eine angehende Trainerin, eine praktisch veranlagte junge Frau mit rosa Strähnen im Haar, dreimal in eine Pfeife blies. Das war das Kommando für Harrison, den Wüstenbussard, von ihrer behandschuhten Hand zu einer anderen Schülerin zu fliegen, die gerade eben außer Sichtweite hinter einer Tribüne wartete. Harrison zuckte mit den Schwanzfedern und klappte dann träge einen Flügel aus, als spielte er mit dem Gedanken an einen Start. Doch dann überlegte er es sich anders und verstaute den Flügel wieder eng am Körper. Die Schülerin pfiff noch einmal. Harrison blieb sitzen und starrte mit seinen Kupferaugen geradeaus.

Vor den Ferien hatte die Schülerin daran gearbeitet, Harrison die Tribüne umkreisen und zu ihr zurückfliegen zu lassen. Sie hatte den Bussard schon beinahe so weit gehabt, die gesamte Tribüne zu umrunden. Aber jetzt wollte er nicht einmal ihren großen Lederhandschuh verlassen. Die junge Frau seufzte. «Mein Trainingsverhalten ist weg. Was soll ich jetzt machen?»

«Schick ihn zurück in den Kindergarten», rief eine Trainerin, die in der Nähe stand.

Wenn eine Verhaltensweise sich in Wohlgefallen auflöst, aus welchem Grund auch immer, dann macht ein Trainer ein paar Schritte rückwärts im Prozess. Manchmal braucht das Tier nur einen kleinen Auffrischungskurs, manchmal eine etwas ausführlichere Erinnerung. Wichtig ist, zurückzugehen statt vorwärtszudrängen, was Tier und Trainer nur zunehmend frustrieren würde. In Harrisons Fall bedeutete das, die hinter der Tribüne wartende Kollegin ein Stück näher zu holen, sodass der Wüstenbussard sie sehen konnte. Wieder pfiff die Schülerin mit den rosa Haarsträhnen. Harrison breitete seine Flügel aus und erhob sich mit einigen Schlägen vom Handschuh.

Wir menschlichen Tiere gehen zurück in den Kindergarten, wenn wir für eine Prüfung lernen oder unser Französisch aufpolieren, indem wir im Auto Sprachkassetten hören. Ich gehe jeden Winter zu Beginn der Skisaison zurück in den Kindergarten und suche mir für meine ersten Abfahrten nachsichtige Hänge. Offen gestanden bin ich in Sachen Skifahren, Tennis oder auch Stricken nie groß über den Kindergarten hinausgekommen. Deshalb trifft der Rückschritt mein Ego nicht so hart.

Das Konzept «Zurück in den Kindergarten» verdeutlicht, dass ein Verhalten niemals absolut gefestigt ist, dass es sich ganz natürlich mit der Zeit und den Umständen verschiebt. Nur weil der Hund jetzt kommt, wenn man ihn ruft, muss er das noch lange nicht auf immer und ewig tun. Es könnte passieren, dass man ihm sogar neu beibringen muss, auf seinen Namen zu hören. Nur weil das Kind gute Tischmanieren gelernt hat, muss es nicht auch künftig immer ein ordentlicher Esser bleiben. Nur weil man den

Ehemann dazu erzogen hat, anzurufen, wenn er zu spät zum Essen kommt, muss er sich nicht jedes einzelne Mal melden. Unter Umständen muss man ihm das Anrufen neu beibringen, oder auch den Schritt davor, nämlich sein Handy immer dabeizuhaben. Nur weil man als Kind Segeln gelernt hat, muss man nicht in jeder Situation das Wendemanöver beherrschen. Ich zum Beispiel musste mir wieder neu beibringen, wann man sich ducken muss, um nicht den Baum vor die Stirn gedonnert zu kriegen.

Darüber hinaus ist der Schritt rückwärts ein gutes Gegenmittel gegen den menschlichen Trieb, mit dem Kopf durch die Wand zu wollen. Mein armer Mann erwartet von sich, noch genauso gut Tennis zu spielen wie beim letzten Mal. Selbst wenn er seit fünf Jahren keinen Schläger mehr in der Hand hatte. Er drischt drauf und wird immer frustrierter. Wenn er doch nur zurück in den Kindergarten ginge. Das wäre zwar schlecht für sein Ego, aber so viel besser für sein Spiel. Mal ganz abgesehen von seiner Laune.

Ein Schritt nach dem anderen

Nummer drei auf meiner persönlichen Regelliste lautet, immer nur ein Verhaltenselement auf einmal zu trainieren. Mit anderen Worten: Wenn man sich der sukzessiven Annäherung bedient, muss man sie auch sukzessiv halten. Es reicht nicht aus, ein Verhalten nur in kleine Schritte aufzubrechen.

Pryor beschreibt als Beispiel, wie man einem Delphin das Wasserspritzen beibringt. Laut ihrer Regel sollte man sich ausschließlich darauf konzentrieren – nicht darauf, wie hoch gespritzt werden soll oder in welche Richtung. Nur das Spritzen an sich. Wenn man mehr als das zu üben versucht, verwirrt man das Tier. Der Delphin überlegt dann: «Will sie Spritzen oder links Spritzen?» Erst wenn die Delphinflosse das Wasser verlässlich auf Kommando trifft, würde Pryor weiter an der Richtung arbeiten.

Oder nehmen wir Rosie auf dem Skateboard. Der Schüler brachte ihr bei, auf einem Brett zu sitzen. Erst als die Paviandame das konsequent tat, ging er zum nächsten Schritt über und schob das Board mit der Hand an, während Rosie darauf hockte. Hätte er versucht, ihr beides auf einmal beizubringen, dann wäre auch sie vermutlich verwirrt gewesen. «Soll ich jetzt auf dem Skateboard sitzen oder nur darauf sitzen, wenn du es bewegst?»

Bei Menschen dachte ich weniger an den sukzessiven Aspekt, sondern mehr an Pryors Leitlinie, sich nur auf jeweils ein Verhaltenselement zu konzentrieren. Das bedeutete, ich musste mir absolut klar darüber sein, was ich verstärken wollte – was das Kriterium war, wie die Trainer sagen. Wenn ich meine Mutter dazu bringen wollte, sich einem Hörtest zu unterziehen, dann sprach ich nur genau das an. Hörgeräte erwähnte ich überhaupt nicht mehr. Wenn Scott pünktlich umgezogen sein sollte, weil wir Gäste zum Abendessen hatten, dann erwartete ich nicht gleichzeitig von ihm, die Getränke schon fertig gemixt zu haben. Falls er die Bar ebenfalls schon eröffnet hatte, prima, dann war das das Sahnehäubchen. Wenn mir jemand ein Geschenk schickte, dann bedankte ich mich. Denn ich möchte Geschenke, so viele wie möglich. Also verstärke ich dieses Verhalten, selbst nach Blindgängern – wie dem Kaugummiautomaten, den ich von meinem Vater zum Studienabschluss bekam. Immerhin war es ein Geschenk, was das Kriterium ist. Allerdings sorge ich dafür, dass der Geber im nächsten Jahr meine Wunschliste erhält. Einmal überredete ich meinen Vater dazu, mir seine Kreditkarte auszuhändigen, damit ich mir mein Weihnachtsgeschenk von ihm selbst kaufen konnte, einen blaugrauen Trenchcoat. Das war eine überstürzte Annäherung für ihn. Ich habe seine Karte nie wieder in die Finger bekommen.

Was ich ebenfalls einstellte, war, die Latte mitten im Verhalten höher zu hängen. Das heißt, kein «Danke-Aber» mehr, wie ich es nenne: «Danke fürs Einkaufen, aber du hast die falsche Milch mitgebracht.» «Danke für deinen Besuch, aber ich wünschte, du könntest noch länger bleiben.» Die Latte mittendrin höher zu hängen kann andere nicht nur verwirren, weil sie nicht sicher sind, was man eigentlich von ihnen erwartet. Es kann auch als Strafe empfunden werden. In diesem Fall könnte das Verhalten, das man zu verstärken glaubte (einkaufen gehen, besuchen), ganz verlustig gehen. Dann muss man wieder selbst in den Supermarkt, und die Gäste bleiben aus.

Neues-Becken-Syndrom

Selbst ein noch so perfekt trainiertes Tier kann von einer neuen Umgebung abgelenkt werden. Wenn Delphine in ein anderes Becken gesetzt werden, dann leiden sie häufig unter einer vorübergehenden Amnesie, während sie sich in ihrer neuen Bude umsehen. Das nennt man in Trainerkreisen «Neues-Becken-Syndrom», Regel Numero vier.

Ich konnte dieses Phänomen während einer Probe für die jährliche Tiershow im Lehrzoo beobachten. Der Ara wollte nicht fliegen. Der Biber verpasste sein Kommando. Der Serval erstarrte, zuckte mit einem seiner großen Ohren und glotzte vor sich hin. Obwohl alle Tiere ihre Darbietungen eingeübt hatten, vergaßen sie sozusagen ihren Text, als sie zum ersten Mal zusammen mit all den anderen Tieren und Menschen auf der Bühne standen. Die Nachwuchstrainer waren zwar frustriert, aber nicht überrascht. Im Grunde genommen lernten die Tiere ein neues Verhalten: wie man das alte in einer neuen Umgebung und unter neuen Umständen durchführt. Ein paar Proben später flogen, saßen und spazierten sie wieder auf Kommando. Sie hatten sich allmählich daran gewöhnt.

In einer solchen Situation schrauben die Trainer üblicherweise die Erwartungen etwas herunter. Oder in ihren Worten: Sie lockern die Kriterien vorübergehend. Das heißt, dass weniger von dem Tier erwartet wird, bis es die neuen Reize aufgenommen hat. Wenn es nicht ausreicht, etwas Zeit verstreichen zu lassen, dann muss man unter Umständen zurück in den Kindergarten. Wie immer geht es darum, die Erwartungen anzupassen. So werden weder das Tier noch der Trainer übermäßig entmutigt.

Bei Menschen entdeckt man das Neue-Becken-Syndrom ständig. Daher der Heimvorteil im Sport, wenn er auch nur leicht sein mag. Die Gastmannschaft spielt gewissermaßen in einem neuen Becken, Publikum, Lichtverhältnisse, Geruch sind fremd. Deshalb kommt sie vielleicht schlechter ins Spiel. Wenn man in einer fremden Stadt oder einem anderen Land Auto fährt, dann bremst man möglicherweise zu oft oder fährt zu schnell oder vergisst den Blinker, während man die Terra incognita in sich aufnimmt. Ich leide jedes Mal unter dem Syndrom, wenn ich einen anderen Computer benutzen muss. Mein Schreiben ist beeinträchtigt, bis ich mich an die Tastatur gewöhnt habe.

Wie ein Trainer lernte ich, mich nicht darüber aufzuregen, sondern es einfach der Zeit zu überlassen. Wenn ich mich unter Druck setze, mir selbst die Laune verderbe, dann ist vielleicht der ganze Tag im Eimer statt nur einer Stunde. Dasselbe gilt im Sport. Wenn der Trainer seine Mannschaft von der Seitenlinie aus anbrüllt, dann macht er sie vielleicht so nervös, dass sie das ganze Match vergeigt und nicht nur die ersten Spielzüge. Und aus meiner eigenen Erfahrung kann ich sagen, dass es am besten ist, mit einem ortsfremden Fahrer nicht zu streng zu sein. Besonders nicht, wenn man die Ehefrau des Fahrers und auf dem Beifahrersitz ist und es sich um die ersten Stunden eines Urlaubs handelt. Ansonsten könnte die gesamte Reise ruiniert sein statt nur die Fahrt zum Strand.

Öfter mal was Neues

Wenn eine Trainingsmethode nicht funktioniert, muss man eine andere probieren. Das ist die fünfte Regel auf meiner Liste, und es ist diejenige, welche mir aufs große

Ganze betrachtet am meisten geholfen hat. «Es gibt so viele Wege zu einer Verhaltensweise wie Trainer, die sie sich ausdenken», schreibt Pryor. Das klingt so einfach, so offensichtlich und läuft doch unserer Herangehensweise ans Leben, insbesondere an Beziehungen, so zuwider. Wir neigen stark dazu, uns noch weiter zu verschanzen, den Schützengraben zu vertiefen. Ich selbst habe das oft getan. Und wenn ich dann bis zum Hals in der Erde stecke, halte ich die Hände hoch und ergebe mich. Wenn eine Technik nicht funktioniert, würde ein Trainer niemals darauf beharren, zumindest kein guter. Und er würde es auch nicht als persönliches Versagen begreifen oder dem Tier die Schuld geben. Er würde sich einfach einen Plan B ausdenken.

Wenn heute meine Trainingsversuche bei Menschen erfolglos sind, dann verringere ich die Schrittgröße der Annäherung. Ich seziere mein eigenes Verhalten, überlege, inwiefern meine Handlungen die eines anderen unabsichtlich angefacht haben könnten. Ich frage: «Was genau verstärke ich?» Wenn es um einen Freund, Verwandten oder Studenten geht, ziehe ich vielleicht einen «Trainerkollegen» zurate – meinen Mann, Hannah oder Elise. Ich denke über mein Timing nach. Mit kühlem Kopf analysiere ich den Verhaltenskopfschmerz wie eine mathematische Gleichung und suche nach einer alternativen Lösung. Und dann versuche ich es – wie ein Trainer – mit diesem neuen Ansatz.

Es gibt Momente, in denen mir einfach keine andere Methode einfallen will. Dann versetze ich mich in einen Delphintrainer, schnappe mir metaphorisch einen Eimer

Fisch und setze mich an den Rand des Wasserbeckens. Dort harre und warte ich darauf, dass die menschlichen Tiere etwas, irgendetwas tun, was ich anregen kann.

Ködern

Morgens wollen die Giraffen ihr Nachtquartier nicht verlassen. Abends wollen die Gorillas nicht ins Haus. Ein Nashorn steht den halben Tag lang im Durchgang zwischen seinen beiden Gehegen herum. Tiere von ihren Nachtkäfigen in die Tagesunterkünfte zu transportieren, auch Umsperren genannt, ist in Zoos häufig eine heikle Angelegenheit. Viele Tiere bocken dann, in manchen Fällen stundenlang, bewegungsunfähig gemacht durch einen schlimmen Fall von «Soll ich oder soll ich nicht». Um dem Tier die Entscheidung zu erleichtern, bieten manche Pfleger Bananen oder Möhren an – eigentlich eine positive Verstärkung, aber in dieser speziellen Situation Ködern genannt.

Ködern bedeutet, dem Pferd die Möhre vor die Nüstern zu halten. Im Grunde genommen zeigt man die Hand im Stil der positiven Verstärkung und sagt damit: «Du kriegst das hier, wenn du das tust.» Man stellt also vielmehr eine Belohnung in Aussicht, als dass man ein Verhalten verstärkt. Ich gebe zu, das klingt haarspalterisch, aber da besteht ein Unterschied.

Es gibt unterschiedliche Methoden, ein Verhalten zu formen. Darunter ist das Ködern eine der ältesten und am weitesten verbreitete. Es wird seit Jahrhunderten eingesetzt. Eine übliche Technik, um einem Hund Sitz bei-

zubringen, ist, ihm einen leckeren Happen direkt über den Kopf zu halten, was ihn dazu veranlasst, sein Hinterteil auf den Boden zu senken. Der berühmte Gunther Gebel-Williams vom Zirkus Ringling Brothers soll ein Fleischstück auf einen Stock gespießt haben, um sich die Aufmerksamkeit seiner Raubkatzen zu sichern.

Manche Trainer sind aus einer Reihe von Gründen nicht so begeistert vom Ködern. Zum einen gibt es einem Tier die Gelegenheit, im Vorhinein selbst zu entscheiden, ob die Belohnung ausreichend ist. Falls nicht, wartet es vielleicht auf eine größere Banane oder ein ganzes Büschel oder sogar mehrere Büschel. Und wie bei jeder schlecht getimten Belohnung – im Falle des Köderns heißt das zu früh – könnte ein unerwünschtes Verhalten antrainiert werden. Bei all dem Obst und Gemüse und dem ganzen Wirbel der Pfleger könnte ein trödelndes Kamel vielleicht annehmen, das Trödeln sei der Clou. In seinem Kamelgehirn stellt es die Gleichung auf: In der Käfigtür herumlungern = Futtertheater. Und so lungert das Kamel Tag für Tag in der Tür herum.

Ich gestehe, dass ich Menschen ködere. Ich habe manchmal schon das Essen auf den Tisch gestellt, um schwatzhafte, störrische Gäste aus dem Wohnzimmer zu locken. Ich habe Scott durch die Aussicht auf schwedische Fleischbällchen und Apfelkuchen dazu überredet, in der Eröffnungswoche mit mir zu IKEA zu fahren (im Endeffekt konnte keines der Gerichte den Pogo der Menschenmenge vor den Dekokissen aufwiegen). Ich habe schon Gäste mit dem Versprechen auf Strandbesuche, Erdbeerpflücken und Fährfahrten in mein Haus gelockt. Wenn die Wettergötter in Maine mir wohlgesinnt sind, dann halte ich mein Wort. Wenn nicht, wie so häufig bei diesen griesgrämigen Kerlen, dann reisen meine Gäste möglicherweise vorzeitig ab und kommen nie wieder.

Durch das Ködern ergeben sich bei Menschen zum Teil dieselben Probleme wie bei Tieren. Man kann auf eine größere oder tollere Belohnung warten oder zu dem Schluss kommen, dass sie der Mühe nicht wert ist. Das passiert bei Kindern ständig. Ein Elternteil verspricht ein Fahrrad für ein Einserzeugnis. Zum Halbjahr wird dem Kind klar, dass lauter Einser anstrengender als erwartet sind, dass ein Fahrrad das nicht wert ist, und wirft das Handtuch. Meine Mutter hängte eine Liste an den Kühlschrank, auf der diverse Hausarbeiten neben dem jeweiligen Lohn dafür aufgelistet waren. Meine Schwester und ich machten uns immer dann an die Arbeit, wenn wir neue Barbiesachen oder ein Päckchen Kaugummi haben wollten. Die von meiner Mutter angebotenen Tarife (einen Dollar fürs Autowaschen, fünfzig Cent fürs Badezimmerputzen) motivierten meinen Bruder allerdings nie. Für ihn kam ein bisschen Kleingeld nicht gegen Löcher buddeln oder Festungen im Wald hinter dem Haus zu bauen an. Es gibt wenig, was für einen Jungen so verstärkend wirkt, wie einen Spaten in weiche Erde zu stoßen oder die durch Schaufeln angeregten Träume von baggerseegroßen Swimmingpools in städtischen Vorgärten, Tunnels in ferne Länder oder uralten Schatzkisten, die von gleichgesinnten Jungs vor Jahrhunderten dort vergraben wurden. Hätte meine Mutter meinen Bruder dazu bringen wollen, im Haushalt zu helfen, dann hätte sie ihn in Spaten bezahlen müssen.

ACHT
LRS oder das Pokerface

An einem weiteren herrlichen Tag in Südkalifornien begleitete ich die Nachwuchstrainer auf eine Exkursion nach SeaWorld in San Diego, wo ich einem zweihundert Kilo schweren Walrossbaby begegnete, Trainer mit Schwertwalen herumtollen sah und den Arm bis zum Ellbogen in ein flaches Becken steckte, um die glatten, elastischen Rücken von kalifornischen Adlerrochen zu streicheln. Der Tag endete im Delphinstadion mit einer mitreißenden, spritzigen Vorstellung der diversen Meeressäuger einschließlich Bubbles, einem der ältesten in Gefangenschaft lebenden Grindwale. Auf dem Höhepunkt der Show schwamm das halbe Dutzend Tiere zum Beckenrand, drehte dem Publikum den Rücken zu und klatschte synchron die grauen Fluken aufs Wasser. Diese machtvollen Schwanzschläge jagten Woge um Woge über die Menschenmenge hinweg. Das kalte, salzige Nass prasselte herab und durchweichte Zuschauer, die auf ihren Sitzen verharrt waren, obwohl deutlich zu erkennen gewesen war, was die Delphine im Schilde führten. Eine Horde Kinder quiekte, stürmte mit hocherhobenen Händen zum Bassin und hopste in dem Wasserschwall herum. Erwachsene mit klatschnassen Polohemden und tropfenden Bermudas kletterten, so schnell ihre nicht mehr jungen Beine sie tragen konnten, die Betonstufen hinauf. Ich beobachtete den Tumult von meinem Platz ganz oben auf der Tribüne aus, den die Trainerin mir in weiser Voraussicht empfohlen hatte. Ich fragte sie, ob die Tiere verstanden, was sie da taten. «O ja», meinte sie.

Nach der Vorstellung, als die triefende Menge sich zerstreut hatte, gesellte sich eine flachsblonde Trainerin zu den Schülern des Moorpark College. Für die angehenden Delphintrainer der Gruppe beschrieb sie die beschwerliche Schwimmprüfung des Wasserparks, gab Tipps, wie man einen der begehrten Jobs bei den Walen ergatterte, und erklärte, wie man einen sogenannten *LRS* einsetzt. Das erregte meine Aufmerksamkeit. *LRS* steht für *Least Reinforcing Stimulus*, zu deutsch in etwa «am geringsten verstärkender Reiz». Wenn ein Delphin etwas falsch macht, beispielsweise mit Wasser spritzt statt mit der Brustflosse zu winken, dann zuckt der Trainer nicht mit der Wimper. Er steht einfach drei bis fünf Sekunden lang regungs- und ausdruckslos da, ohne ein Stirnrunzeln, ohne ein Seufzen. Nach dieser Mini-Auszeit nimmt er das Training wieder auf. Dahinter steht das Wissen, dass jegliche Reaktion, ob positiv oder negativ, ein Verhalten anstacheln kann. Wenn aber eine Handlung keinerlei Reaktion provoziert, dann verschwindet sie, beziehungsweise sie wird ausgelöscht, wie die Trainer das nennen. An den Rand meiner Notizen kritzelte ich: *bei Scott probieren!*

Zurück in Portland war es nur eine Frage der Zeit, bis Scott wieder einmal auf der Suche nach verlegten Schlüsseln oder Brieftaschen durchs Haus düste, woraufhin ich ihm einen LRS verabreichte. Ich rührte mich nicht, während ich ihn von Zimmer zu Zimmer stapfen hörte. Das kostete mich eine Menge Selbstbeherrschung, besonders, als Dixie in die Küche geschlichen kam und sich zwischen meine Beine quetschte. Das Ergebnis allerdings war unmittelbar und verblüffend. Scott steigerte sich nicht annähernd so in Rage wie üblich, und seine Wut schwand so schnell wie ein vorüberziehender Sturm.

Der Vorteil am Nichtstun

Der LRS wurde in den 1980er Jahren in SeaWorld entwickelt. Die vier Meeresparks haben diese Methode seitdem bei Hunderten von Spezies und allen Altersgruppen angewandt, von greisen Eisbären bis hin zu neugeborenen Schwertwalen. Im Kern bedeutet der LRS, ein unerwünschtes Verhalten zu ignorieren, aber auf eine ganz spezielle Art und Weise. Er wird während der Übungsstunden eingesetzt und nur für eine sehr, sehr kurze Zeitspanne. Die Trainer dachten sich diese Technik aus, um einem Tier mitzuteilen, dass es etwas nicht richtig gemacht hat, ohne aus Versehen die falsche Reaktion zu verstärken. Wenn ein Trainer das Kommando für einen Salto gibt und stattdessen ein Sprung präsentiert wird, dann folgt die Mini-Auszeit. Sie geht einen Schritt weiter als lediglich das Ausbleiben einer Verstärkung und vermittelt so unaufgeregt wie möglich: «Falsch.»

Damit wird dem Tier nicht nur deutlich gemacht, wann es einen Fehler macht, sondern auch, dass in diesem Fall nichts Schlimmes passiert. Überhaupt nichts passiert. Auf diese Weise zeigt der LRS, dass ein Tier kein Risiko eingeht, wenn es etwas ausprobiert. Mit Hilfe dieser Technik bringt man den Tieren auch bei, wie sie sich nach einem Patzer zu verhalten haben. Wenn ein Delphin, statt schmollend wegzuschwimmen, während eines LRS ruhig bleibt, kann der Trainer das mit einem schönen glitschigen Tintenfisch belohnen.

So eine kontrollierte Mini-Auszeit in Form eines LRS bedeutet nicht die Unterbrechung oder gar den Abbruch einer Trainingsstunde. Denn das könnte Probleme verursachen. Ein cleveres Tier könnte das Ende des Unterrichts provozieren. Einfach ein falsches Verhalten zeigen und Bingo, der Trainer geht, und das Tier hat seine Ruhe. Generationen von Schülern haben das getan, um sich vor Geschichte, Chemie, Englisch, was auch immer zu drücken – Theater machen und sich aus dem Unterricht schicken lassen. Eine Unterbrechung oder ein Abbruch kann aber auch für den Trainer verlockend sein und daher überstrapaziert werden. Das bietet eine scheinbar einfache Lösung, wenn das Tier sich schlecht benimmt – einfach weggehen, eine Notluke für einen frustrierten Trainer. Außerdem kann es als Strafe missbraucht werden. Damit ist es eine viel stärkere Reaktion als ein LRS und kann als solche wiederum ein Verhalten anregen. Der LRS hingegen, quasi die Schweiz der Reaktionen, kommt dem Ideal näher.

Allerdings ist auch ein LRS nicht perfekt. Der Einsatz dieser Technik erzielt keine unmittelbaren Ergebnisse, wie es eine Korrektur oder eine Strafe bei einem Tier vermag. Der LRS an sich bringt dem Tier nicht die richtige Reaktion bei. Der Trainer muss trotzdem noch analysieren, warum das Tier nicht springt, Salto schlägt oder Hände schüttelt. Denn eben wegen seiner Neutralität funktioniert der LRS in manchen Fällen nicht, insbesondere bei selbst verstärkendem Verhalten. Wenn ein Delphin sich köstlich amüsiert, indem er einen Ball durch das Becken schiebt oder den Trainer nass spritzt, dann wird ein LRS wenig Wirkung zeigen. Und einige Sekunden totale Regungslosigkeit helfen einem nicht weiter, wenn ein Löwe nach einem schlägt. In dem Augenblick wäre es ratsamer, sich zu bewegen – im Sinne von rückwärts auf die Käfigtür zu.

Bitte nachmachen

Ich fing an, den LRS bei allen möglichen Leuten auszuprobieren. Als die altgediente Angestellte im Postamt um die Ecke, eine blasse Frau mit runder, dicker Brille, hinter der ihre Augen so groß und wässrig aussehen wie die eines Zackenbarschs, mich anschnauzte, weil ich ein Paket nicht korrekt beschriftet hatte, entschuldigte ich mich nicht. Ich schnauzte auch nicht zurück oder versuchte, ihre Laune durch ein Lächeln aufzuheitern. Ich starrte nur ausdrucks- und wortlos auf das Etikett. Das schien die Frau aus dem Konzept zu bringen. Sie nahm mein Geld, und als sie mir herausgab, sagte sie, wenn auch ohne mich dabei anzusehen: «Schönen Tag noch.» Erst dann sah ich ihr in die Augen und lächelte. «Ihnen auch.»

Ein paar meiner Freunde löchern mich ständig damit, zur Akupunktur zu gehen. Sobald ich nur das kleinste Wehwehchen erwähne, von Pickeln auf dem Rücken bis hin zu Asthma, erläutern sie in aller Länge und Breite, wie es mein Leiden heilen würde, mich als menschliches Nadelkissen auszugeben. Die Sache ist nur die, wie ich sie dann immer erinnere, dass ich eine Nadelphobie habe. Ich lasse mir nur eine Spritze setzen, wenn es absolut unvermeidlich ist. Vom Blutabnehmen wird mir schwindlig. Bei den wenigen Operationen, denen ich mich unterziehen musste, machte ich mir mehr Sorgen um den intravenösen Zugang als um das Skalpell. Doch meine Proteste feuerten die Bemühungen der Pro-Akupunktur-Fraktion nur noch weiter an. Schließlich probierte ich einen LRS, wann immer das Thema lange, dünne Nadeln aufkam. Die Lobbyarbeit kam dadurch nicht sofort zum Erliegen, verlor aber an Eifer und Ausführlichkeit. Und die bedeutungsschwangere Pause meines LRS sorgte meistens für eine Gelegenheit, das Thema zu wechseln.

Ich stellte fest, dass auch andere den LRS ständig anwandten, wenn auch unbewusst. Eines Nachmittags fuhr ich zur Hauptverkehrszeit durch Boston und reihte mich in einen langen Rückstau auf der Ausfahrt eines Highways ein. Im Rückspiegel beobachtete ich ein blaues Auto mit männlichem Fahrer, der aus der Schlange ausscherte, überholte und sich dann wieder einordnen wollte. Keiner der anderen Fahrer wich einen Zentimeter zur Seite, sie blieben Stoßstange an Stoßstange, damit der Eindringling sich nicht dazwischenquetschen konnte. Außerdem starrten sie stur geradeaus und ignorierten den Bösewicht geflissentlich. Jeder reagierte mit einer Art LRS. Als ich mit ihm auf gleicher Höhe war, verzweifelte er langsam aus Mangel an Reaktion und tobte: «Würden Sie mich einfach nur reinlassen?» Nun tat er zwei Dinge, die ich nicht ausstehen kann, nämlich sich vorzudrängeln und mich anzuschreien. Also schloss ich mich der Gruppentrainingsübung an und schenkte ihm keine Beachtung, obwohl meine beiden Hunde auf dem Rücksitz die Köpfe drehten, um zu sehen, weswegen er so bellte.

Der LRS war die effektivste Technik, die ich von Tiertrainern lernte. Dabei wandte ich ihn nicht immer in seiner Reinform an. Die meisten meiner LRS dauerten viel zu lang, und manche verunglückten sogar zu Abbrüchen. Wenn ich jemanden nicht ignorieren oder wenigstens neutral bleiben konnte, dann nahm ich die Beine in die Hand. So zum Beispiel bei einer Studentin. Mitten im Gespräch, ungefähr an dem Punkt, als sie wegen einer Hausarbeit in Tränen ausbrach und mich beschuldigte, ihr Leben zu ruinieren, wurde mir klar, dass selbst meine vernünftige Reaktion schon zu viel Aufmerksamkeit bedeutete. So sachlich ich konnte, verkündete ich: «Abgabetermin ist nächste Woche. Ich muss los.» Dann schnappte ich mir meine Unterlagen und meine Handtasche und floh. Vielleicht nicht der eleganteste oder professionellste LRS oder Abgang, und zu meinem Verdruss vergaß ich in meiner Hast auch noch einen halbvollen Eiskaffee. Aber zu bleiben hätte – wie schon früher – ihre Hysterie noch verstärkt.

Diese Methode half mir, unerwünschtes Verhalten zu ignorieren, was nicht einfach ist. Der menschliche Drang zur Reaktion sitzt tief. Nichts zu tun widerspricht der Intuition, immerhin sind wir soziale Tiere. Trainer kämpfen gegen diesen menschlichen Drang, wenn sie mit Tieren arbeiten. Dem Kniesehnenreflex der instinktiven Reaktion auf ein Verhalten zu widerstehen, erhöht die Schwierigkeit um noch ein paar Stufen. Für mich waren die wenigen Sekunden eines LRS eine Art sukzessive Annäherung. Das zumindest bekam ich fast immer hin. Und in diesen wenigen Augenblicken schaffte ich es, mich zu sammeln, über meinen nächsten Schritt nachzudenken oder die nötige Selbstbeherrschung aufzubringen, jemanden weiterhin zu ignorieren oder ruhig zu bleiben. Der LRS veranschaulichte mir, wie jegliche Form von Reaktion ein Verhalten anstacheln kann, weil man nie vorhersehen kann, was für einen anderen als Verstärker wirkt. Außerdem half er mir aus einer Verhaltensspur, in der ich schon beinahe mein ganzes Leben festgesteckt hatte.

Als Kind war mein Bruder Andy – vier Jahre jünger als ich, ebenfalls groß und blond, aber mit blauen Augen und einem kleinen Bäuchlein – schrecklich jähzornig. Häufig war ich die Zielscheibe seiner Ausbrüche, besonders in der Hitze nachbarschaftlicher Basketball- oder Dosenfußballspiele oder wenn ich auf ihn aufpassen musste. Dann färbte sich sein Gesicht rot und schwoll an wie eine frische Blase. Er erhob die Fäuste, senkte den Kopf und stürzte sich auf mich. Jedes Herdentier wäre um sein Leben gerannt. Ich aber nicht. Mein Instinkt befahl mir immer, zumindest nicht zurückzuweichen und mich notfalls auch zu wehren. Ich gab nicht nach, obwohl er mich einmal mit einem Holzbalken bewusstlos schlug, mir einen Krocketschläger zwischen die Schulterblätter donnerte und mir eine Handvoll Besteck an den Kopf warf (na gut, in dem Moment meldete sich mein inneres Zebra, und ich brachte mich in Sicherheit). Als Älteste von vier Kindern musste ich unsere Faxen immer ausbaden. «Es ist mir egal, wer angefangen hat», lautete die Devise meiner Mutter. «Du bist alt genug, um es besser zu wissen.» Möglich, aber war ich auch klug genug? Offenbar nicht.

Mein Bruder lernte, dass gemeiner Jähzorn ein Riesenspaß war. Erst darf man seiner älteren Schwester eins überbraten und dann zusehen, wie sie dafür ausgeschimpft wird. Und indem ich mich wehrte, machte ich die Sache für ihn regelmäßig noch unterhaltsamer. Ich habe keine Ahnung, worin für mich die Verstärkung bei diesen Raufereien lag. Außer natürlich, dass sie bewiesen, wie hart im Nehmen ich war, was für einen Wildfang wie mich – besonders einen, dessen Glaubwürdigkeit durch seine Barbiepuppenbesessenheit gelitten hatte – durchaus von Bedeutung war. Außerdem war noch eine ordentliche Portion SICH-VON-MEINER-MUTTER-SCHLECHT-BEHAN-DELT-UND-UNVERSTANDEN-FÜHLEN im Spiel. Selbstmitleid ist ja so selbst verstärkend.

Später stellte sich heraus, dass mein Bruder, der wegen seiner Größe im Klassenzimmer immer ganz nach hinten gesetzt wurde, dringend eine Brille brauchte. Außerdem waren seine Rachenmandeln angeschwollen, weswegen er nicht besonders gut hören konnte. Kein Wunder, dass er Ausraster hatte wie Helen Keller. Eine Brille wurde verschrieben, Mandeln und Polypen entfernt.

Trotzdem stritten wir uns weiter; unsere letzte Auseinandersetzung, die Besteckepisode, passierte in meinem letzten Schuljahr. Da war er in der achten Klasse. Die Zankereien waren vermutlich das, was ein Trainer ein «Verhaltensmuster» nennen würde: Wir hatten es so oft getan, dass es eine Art Reflex wurde.

Rückblickend wird mir klar, dass das Muster, das durch das frühe Streiten entstanden war – mich gegen die Wut oder die Schikane anderer zur Wehr zu setzen –, mich noch jahrelang prägte. Hin und wieder leistete mir das gute Dienste, besonders, als mich ein Mann in einer öffentlichen Toilette angriff (ich wehrte mich und entkam), in anderen Momenten aber nicht. Als ein betrunkener Gast im Restaurant einmal den männlichen Barkeeper beschimpfte, war ich es, die ihn bat, seinen Ton zu mäßigen. Daraufhin warf er mir wüste Beleidigungen an den Kopf, von der Sorte, wie Männer sie sich für Frauen aufsparen, von der Sorte, bei denen anderen der Mund offen stehen bleibt. Nicht mir. «Ha, ha, ha», lachte ich, nur um ihm zu zeigen, dass er mir keine Angst machte. Er stürmte davon, fand den Geschäftsführer und beschwerte sich über mich. Was mir einen Rüffel des Geschäftsführers wegen Respektlosigkeit einbrachte. Selbst dieser denkbar schlechte Verlauf schreckte mich jedoch nicht ab.

Ein Redakteur bei einer Zeitung fing regelmäßig seltsame, sich im Kreis drehende Streitgespräche mit mir an. Häufig ging es um eine Stelle in einem meiner Artikel, den er gerade überarbeitete. Er wurde niemals laut, aber verbal tänzelte er so lange um mich herum, bis er mich in die Ecke gedrängt hatte. Ich wusste, dass er diese Art von Schlagabtausch liebte; trotzdem konnte ich mir einen gelegentlichen Hieb nicht verkneifen. Oft verlor ich den Überblick, worüber wir eigentlich uneins waren. Trotzdem gab ich nicht auf, nur um klarzumachen, dass er mich nicht verbal oder intellektuell herumschubsen konnte. Ich vergeudete Stunden um Stunden im Streit mit diesem Mann.

Zu Hause schreckte ich jedes Mal zusammen, wenn mein Mann aufbrauste, selbst wenn sein Groll nichts mit mir zu tun hatte. Das hatte er selten. Scotts Wut richtet sich normalerweise gegen unbelebte Gegenstände, wie einen klemmenden Sandwichtoaster, einen unkooperativen Computer und natürlich verlorene Gegenstände. (Als ich andererseits versehentlich eine gefrorene Wasserflasche durch die Heckscheibe unseres VW schmiss, war er sehr lieb.) Bei Scott warf ich mich nicht immer sofort in die Brust und ging in Kampfstellung, wie ich es bei so vielen anderen Leuten tat. Sondern ich versuchte, ihn zu besänftigen oder vernünftig mit ihm zu reden. Oder ich brüllte zurück, um ihm den Wind aus den Segeln zu nehmen. Ein paar Mal schrien wir so laut, dass die arme Dixie zitterte wie Espenlaub. Worauf ich hinauswill, ist, dass ich immer irgendwie reagierte, und meine Reaktion befeuerte beziehungsweise verstärkte wiederum seinen Ausbruch.

Wo nichts anderes geholfen hatte, brachte mich das Tiertraining dazu, damit aufzuhören. Endlich erkannte ich, auf welche Weise ich zu den Zankereien mit meinem Bruder, meinem Kollegen und meinem Mann beigetragen hatte. Ich hätte dieses Verhalten sonst den Rest meines Lebens beibehalten. Meine Ehe hätte sicherlich darunter gelitten. Möglicherweise hätte ich mich letztendlich dem falschen zornigen Fremden in den Weg gestellt und einen Hieb auf die Nase oder Schlimmeres kassiert.

Ein LRS, das Ignorieren unerwünschten Verhaltens, setzt Selbstbeherrschung voraus. Und zwar eimerweise. Das geht nicht, wenn man wütend ist. Er ist mehr als einfach nur schweigen oder die kalte Schulter zeigen. Ein LRS bedeutet Pokerface von Kopf bis Fuß. Manchmal verlangt mir das ab, nicht hilfsbereit oder teilnahmsvoll zu sein – in den Augen mancher Menschen vielleicht sogar nicht höflich. Aber vor allem bedeutet es, ich muss meine Zunge im Zaum halten. Was mir, einem durch und durch hochgradig kommunikativen Tier, nicht besonders liegt. Aber wenn mir ein LRS gelingt, dann versickern Beschwerden, Wut flaut ab und Aufdringlichkeit mäßigt sich. Die positiven Ergebnisse machen diese Art von Selbstbeherrschung höchst selbstverstärkend.

Verhaltensweisen loswerden

Tiere können eine Verhaltensweise ablegen, wenn sie zu lange nicht dafür belohnt werden. Wenn ein Sprung oder ein Winken null Ergebnis bringt, dann denkt sich das Tier: «Wozu sich die Mühe machen?» Das Verhalten rostet ein und verschwindet dann dem Anschein nach. Im Lehrzoo stellte die Paviandame Rosie den Rückwärtssalto auf dem Schwebebalken ein. Nick, das Miniaturpferd, legte die Verhaltensweise ab, an einer langen Leine im Kreis zu laufen, das sogenannte Longieren.

Professionelle Trainer nennen dieses Phänomen Extinktion oder Auslöschung. Dieser Begriff ist möglicherweise leicht irreführend. Karen Pryor glaubt, dass Tiere einmal Gelerntes nie vollständig vergessen. Wenn es aber keinen Gewinn mehr einbringt, dann verstauen sie die Verhaltensweise im Hinterkopf unmittelbar neben «vor fünf Jahren unter einem Felsbrocken neben der Eiche schmack-

hafte Nuss gefunden». Wenn man also einem Schwertwal beibringt, auf Kommando aufzutauchen, oder einem Bär, sich auf die Hinterbeine zu stellen, oder einem Papagei, Skateboard zu fahren, dann muss man das gelegentlich mit Belohnungen üben.

Das nennt man ein Verhalten aufrechterhalten. Bei Tieren wie Schmoo, der Seelöwin im Lehrzoo, die an die zweihundert Kommandos kennt, ist das ein Vollzeitjob. Die Nachwuchstrainer, die mit der alten Dame arbeiteten, verbrachten mindestens so viel Zeit damit, die bereits bekannten Kommandos mit ihr zu üben, wie ihr neue beizubringen.

Wichtig dabei ist, dass Verhaltensweisen – außer den selbst verstärkenden – durchaus verschwinden, wenn sie nicht ausreichend verstärkt werden. Wenn man ein Verhalten loswerden will, ist das famos. Sonst weniger. Was auch immer man also pflegen möchte, muss auf jeden Fall belohnt werden, egal wie groß das Gehirn des Tieres ist.

Wir erhalten gute Verhaltensweisen untereinander durch viele unserer Bräuche und Umgangsformen aufrecht. Bekommt man ein Kompliment, dann sollte man sich bedanken. Wird man zum Essen eingeladen, sollte man umgehend zusagen und am nächsten Tag telefonisch seinen Dank übermitteln. Zeigt jemand eine freundliche Geste, lächelt oder streckt einem die Hand hin, dann sollte man ebenfalls lächeln oder die Hand schütteln. Knigge als Trainer für Menschen.

Im Allgemeinen könnte sich das Verhalten eines Freundes, Angestellten oder Verwandten, das man als selbstverständlich nimmt, jederzeit unerlaubt entfernen. Wenn *jemand den Müll nicht mehr rausbringt, den Tisch nicht deckt, das Bett nicht wie früher macht, dann wurden diese Verhaltensweisen höchstwahrscheinlich nicht verstärkt. Hausarbeit wird selten belohnt; daher auch die vielen Streitereien darüber, warum jemand sie nicht erledigt.*

Wenn heute ein Freund oder Verwandter nicht mehr bei mir anruft, überlege ich: Habe ich seine Anrufe verstärkt? Habe ich zurückgerufen? Habe ich mich gefreut, von ihm zu hören, oder zerstreut geantwortet, während ich gleichzeitig fernsah (was mein Vater immer tat, weswegen ich auch aufhörte, ihn anzurufen)? Wie jeder andere Mensch versäume ich häufig Gelegenheiten, Verhaltensweisen aufrechtzuerhalten, weil ich mit den Gedanken woanders oder schlicht zu faul bin.

Es gibt auch einige Verhaltensweisen, die ich selbst mit der Zeit abgelegt habe: Romane lesen, an Kochwettbewerben teilnehmen, in meinen Freund verliebt sein. Da mir diese Dinge absolut nichts einbrachten, verstaute ich sie im letzten Winkel meines Hinterkopfs neben «vor zwanzig Jahren ein Paar Schuhe in Größe vierzig in Karton Größe neununddreißig bei sagenhaftem Ausverkauf gefunden».

Romane zu lesen war früher ein selbst verstärkendes Verhalten für mich. Es war meine Lieblingsmethode zum Abschalten, besonders in den Anfangstagen als freie Autorin, als ich mein Geld mit Kellnern verdiente. Nach sechs Stunden Getränke, Essensbestellungen und Gäste jonglieren lockerte ich Körper und Geist, indem ich mich mit einem schweren Dickens oder Hardy auf dem Schoß in einen Sessel sinken ließ. Doch je mehr ich meine Tage auf meinem Allerwertesten verbrachte und mir den Kopf über

Wortwahl und Satzstruktur zermarterte, desto weniger entspannte mich ein dickes Buch am Abend. Dann bekam ich zusätzlich ein schlechtes Gewissen, weil ich nicht las, was noch weniger verstärkend wirkte. Am Ende legte ich das Romanelesen ganz ab, fand aber zum Glück eine andere erholsame Verhaltensweise – Hundespaziergänge (aus der Perspektive meiner Vierbeiner: in unserem Revier auf Streife gehen).

Inspiriert von meinem ersten Buch über Wettbewerbskochen nahm ich an einem halben Dutzend Wettkämpfe teil und gewann nicht einen davon. Selbst mein hervorragender in Grapefruitsaft gedünsteter Heilbutt auf Couscous war ein Flop. Wie ein erfahrener Kochchampion mir damals sagte: Man braucht «einige Siege», damit es zur festen Gewohnheit wird. Meiner Beobachtung nach reicht ein einziger Sieg bei manchen aus, um sie jahrelang bei der Stange zu halten. Da ich nicht einen Krümel Verstärkung bekommen hatte, wurde ich wütend und hängte meine Schürze an den Nagel. Mein Wettbewerbskochverhalten wurde ausgelöscht. Niemand hat es bemerkt.

Als ich Anfang zwanzig war, verliebte ich mich wahnsinnig in einen jungen Mann mit tiefliegenden Augen und einem leicht brüchigen Bariton. Binnen kurzem zogen er und seine Tausende von Schallplatten bei mir ein. Wir planten eine lange Europareise und malten uns eine gemeinsame Zukunft aus. Sechs Monate später hörte die Liebe meines Lebens nach und nach auf, mich zu beachten. Er hielt meine Hand nicht mehr. Wenn er mich an einem Bahnhof abholte, umarmte er mich nicht. Er lief vor mir auf dem Bürgersteig.

Er war immer noch witzig, gutaussehend und klug, aber bei so wenig Verstärkung verblassten meine Gefühle. Er hielt meine Verhaltensweise, ihn anzuhimmeln, nicht aufrecht, also legte ich sie ab. Ich verstaute sie in jenem speziellen Teil meines Hinterkopfs und trennte mich von ihm. Zu meiner Verblüffung weinte er und sagte, er habe geglaubt, wir würden heiraten. Egal, was Karen Pryor sagt: Dieses weibliche Tier konnte sich beim besten Willen nicht mehr daran erinnern, wie man diesen Mann liebt. Das Verhalten war so gründlich von der Bildfläche verschwunden wie die Dinosaurier.

Gut für Scott. Ein Verhalten loszuwerden kann Platz für ein anderes schaffen.

Profis erzählen von Tieren, die das Trainieren so gut verinnerlichen, dass sie es irgendwann selbst auf ihre Trainer anwenden. Ein Schimpanse im National Zoo hat Berichten zufolge seiner Wärterin immer ein Stück Sellerie gegeben, wenn sie die Tür zu seinem Gehege öffnete. Ich hörte auch die Geschichte von einem Delphin, der immer zum anderen Ende des Beckens schwamm, wenn die Trainerin ihn mit dem falschen Fisch belohnte. Dort verharrte er einige Sekunden und schwamm dann zurück. Die Trainerin stellte fest, dass der Delphin einen LRS an sie aussandte, erkannte ihren Fehler und besorgte sich einen Eimer mit den richtigen Fischen.

Eins meiner Tiere tat dasselbe mit mir.

Während der Arbeit an meinem vorangegangenen Buch plauderte ich immer, wenn ich aus Kalifornien nach Hause kam, endlos vom Tiertraining und schließlich davon, wie ich das Konzept auf Menschen anzuwenden plante. Niemand hörte mehr darüber als Scott, das Versuchsobjekt so vieler meiner Experimente. Er war nicht gekränkt, nur amüsiert. Außerdem saugte er meine Erklärungen der Techniken und Begrifflichkeiten auf. Und zwar aufmerksamer, als mir bewusst war.

Nach Fertigstellung des Buches wachte ich eines Morgens auf und konnte meinen Mund kaum öffnen, wie eine verklemmte Tür. Ich hatte keine Schmerzen, aber irgendetwas stimmte ganz offensichtlich nicht. Zwar hatte ich Angst, etwas zu essen, war aber gleichzeitig halb verhungert. Also halbierte ich eine Banane der Länge nach und bugsierte sie zwischen meinen nur leicht geöffneten Kiefern durch. Monatelang war das die einzige Möglichkeit für mich, eine Banane zu essen. Ich musste Sandwichs, Hamburger und Sushi aufgeben, weil nichts davon in meinen Mund passte. Die unbeschwerten Tage von Baguette, Maiskolben und gebrannten Mandeln waren vorbei.

Ein Muskelstrang von meiner linken Schulter in die Wangen hatte sich unerklärlicherweise verspannt. Die genaue Ursache war schwer festzustellen, wobei sicherlich die vielen, über mein Laptop gebeugt verbrachten Monate nicht gerade zuträglich waren. Ein Kieferorthopäde führte meine Kieferfehlstellung auf meine Zahnfehlstellung zurück. Um nur bitte eines Tages wieder herzhaft gähnen zu können, ließ ich mir also in solidem mittlerem Alter eine Spange anpassen. Das war nicht nur blamabel, sondern auch furchtbar schmerzhaft. Wochenlang pochten mein Gaumen, die Zähne, der Kiefer, das Zahnfleisch. Ich beklagte mich häufig und lautstark. Scott versicherte mir, ich werde mich an all das Metall in meinem Mund gewöhnen. Tat ich nicht.

Als ich eines Morgens wieder einmal eine Tirade anstimmte, wie unwohl ich mich doch fühlte, sah Scott mich nur ausdruckslos an. Er sagte kein Wort und reagierte überhaupt nicht auf mein Geschimpfe, nicht einmal durch ein Nicken.

Schnell ging mir der Dampf aus, und ich stand auf und wollte weggehen. Dann endlich ging mir ein Kronleuchter auf, und ich drehte mich zu ihm um. «Soll das etwa ein LRS sein?»

Schweigen.

«Stimmt doch, oder?»

Endlich lächelte er, aber sein LRS hatte gewirkt. Das Tier hatte angefangen, seinen Trainer zu trainieren.

NEUN

Freude an unvereinbarem Verhalten

Die Kronenkraniche in SeaWorld San Diego entwickelten eine nervige Angewohnheit – sie landeten auf den Trainern. Wenn diese durch den Tierpark spazierten, dann stellten die Kraniche ihre großen weiß-schiefergrauen Flügel gegen den Wind und flogen über ihre Köpfe. Sie kamen zwar, wenn sie gerufen wurden, ließen sich aber flügelschlagend, die dinosaurierartigen Füße ausgestreckt auf Schultern und Köpfen der Trainer nieder. Es war, als würde ein Regenschirm vom Himmel auf einen herabsegeln. So ein Kranich wiegt zwar nur drei bis vier Kilo, kann aber langbeinige ein Meter zwanzig groß werden. Er besitzt einen langen hinteren Zeh, mit Hilfe dessen er sich gut in Geäst festklammern kann, der sich aber auch vorzüglich dazu eignet, in Schultern zu zwicken und Haare zu zerzausen. Man möchte wirklich auf keinen Fall einen Kranich auf dem Kopf sitzen haben.

Anstatt den Tieren das Landen auf ihren Köpfen abzugewöhnen, brachten die Trainer ihnen ein Verhalten bei, das dieses unerwünschte unmöglich machte: Sie richteten sie dazu ab, auf Matten zu landen, die sie vor sich auf den Boden warfen. Die Vögel konnten schlecht auf den Matten und gleichzeitig auf ihren Köpfen landen.

Um das zu demonstrieren, wandte sich einer der Trainer – gebräunt, sportlich und weißblond wie ein Rettungsschwimmer – plötzlich um und trabte über einen üppigen Rasen. Ein Kranich auf einem Baum, die typische goldene Federkrone in der Mittagssonne schillernd, bemerkte es, breitete seine riesigen Flügel aus und schraubte sich mit ein oder zwei kräftigen Schlägen gen Himmel wie ein Papierdrachen, die langen Beine hinter sich herziehend. Der Trainer blieb stehen, rief den Vogel und warf die Matte vor sich hin. Brav klappte der Kranich die Flügel ein, streckte die Zehen aus und landete ordentlich auf der Matte.

Das ist ein Beispiel für das sogenannte «unvereinbare Verhalten», ein so einfaches wie geniales Konzept. Der Grundgedanke ist, eine Alternative beizubringen, statt etwas abzugewöhnen oder zu verhindern. Der besondere Dreh an diesem alternativen Verhalten ist, dass es das ursprüngliche unmöglich macht. Wenn Shamu seine Kollegen im Becken piesackt, dann lässt man ihn seine Fluke oder seine Brustflosse aus dem Wasser heben. Dabei kann er nicht gleichzeitig die anderen Schwertwale durchs Wasser jagen.

Trainer setzen das unvereinbare Verhalten ständig ein. Wenn im Lehrzoo Rosie rasend schnell mit den Augen blinzelt, was auf Pavianisch bedeutet: «Jetzt mach ich dich fertig», dann werden «Kontrollverhaltensweisen» mit ihr absolviert. Die Paviandame muss ihren Trainer nachahmen und hält sich nacheinander Augen, Ohren und Mund zu, das altbekannte Symbol der Drei Affen, was in diesem Zusammenhang ziemlich passend ist. So niedlich diese Pantomime jedoch aussieht, es geht darum, dass Rosie sich auf ihren Trainer konzentriert. Denn dabei kann sie nicht gleichzeitig mit giftigen Blicken um sich werfen.

Eingepfercht in einen fensterlosen Konferenzsaal in Baltimore hörte ich mir zusammen mit einer Gruppe von Zoopflegern an, wie zwei Aquarianer das Problem mit Dottie und Lance durch unvereinbares Verhalten in den Griff bekamen. Die beiden gefleckten Adlerrochen in Living Seas, dem 21,5 Millionen Liter fassenden Aquarium in Florida, waren zur Plage geworden. Diese Fische haben lange, peitschenartige Schwänze und können eine Spannweite von mehr als 2,5 Metern erreichen, wobei Lance und Dottie glücklicherweise nicht so groß waren. Sobald Taucher in das Becken stiegen, um die Fische zu füttern, zwickten die beiden Rochen sie, zupften an ihren Masken, rissen ihnen sogar die Mundstücke herunter. Diese Rochen haben keine Zähne, dafür aber einen knochigen Gaumen, mit dem sie Muscheln zerkleinern können. Dieser Gaumen kann wirklich schmerzhaft sein. Man könnte sagen, das Schwimmen im Becken wurde für die Taucher immer weniger selbst verstärkend. Irgendwann musste man nicht einmal mehr im Wasser sein, um attackiert zu werden. In einem Video, das auf der Konferenz gezeigt wurde, sitzt eine Taucherin am Becken, wobei ihr Gesäß leicht über den Rand ragt. Das Wasser kräuselt sich unterhalb ihres Hinterteils. Sie schreckt zusammen, schreit: «Aua!» Einer der Rochen hat sie gekniffen.

Dieses freche Verhalten wurde wahrscheinlich dadurch ausgelöst, dass die Taucher das Abendessen der Rochen am Körper trugen und sie von Hand fütterten. Folglich hielten die Tiere sie für menschliche Futterautomaten. Eine Trainingslösung schien geboten, doch soweit bekannt, hatte noch nie jemand gefleckte Adlerrochen dressiert. Andererseits hatten die von blauen Flecken übersäten Aquarianer nicht viel zu verlieren.

Sie entschlossen sich, Lance und Dottie ein unvereinbares Verhalten beizubringen. Zu diesem Zweck steckten sie das Rochenfutter in ein kleines PVC-Knie, an dem sie einen Deckel anbrachten, den die Tiere öffnen konnten. Diesen improvisierten Futterspender hielten die Taucher in den Händen, auf Armeslänge von ihren Körpern entfernt. Die Rochen konnten nicht die Trainer drangsalieren und gleichzeitig fressen.

Es dauerte einige Zeit, sogar Monate, doch am Ende fiel der Groschen bei den Rochen. Während sie die Futterspender mit ihren breiten, flachen Mäulern anstupsten, ließen sie die Taucher in Frieden. Am Ende des Videos sieht man einen der Rochen durch das graugrüne Licht des Wasserbeckens auf einen Taucher mit leeren Händen zugleiten. Der deutet auf einen anderen Taucher, der einen Spender in der Hand hält. Der Rochen macht kehrt, flattert mit den breiten, dunklen Flügeln und segelt auf sein Mittagessen zu.

Das Wunderbare am unvereinbaren Verhalten ist, dass es sich ein natürliches Phänomen zunutze macht: nämlich dass es mehr Energie erfordert, ein sich bewegendes Objekt anzuhalten, als seine Richtung zu ändern. Was bedeutet, es könnte einfacher sein, jemanden zu einer anderen Handlung zu veranlassen, als ihn von etwas abzuhalten. Diese Technik setzt einiges an Kreativität voraus, gar einen Sinn für Spaß. Außerdem macht es sich bezahlt, die Eigenarten der Arten genau zu kennen. Denn man kann sehr leicht Instinkte oder Dinge, die ein Tier von Natur aus gern tut, zu unvereinbarem Verhalten formen.

Mein erster Gedanke war, das bei Dixie zu probieren. Beim Einsteigen ins Auto fühlte Dixie als Alphatier sich immer bemüßigt, Penny Jane daran zu erinnern, wer hier der Chef war. Sie verstellte ihr den Weg oder bestieg sie. Bisher hatte ich erfolglos versucht, Dixies Rüpelhaftigkeit zu unterbinden. Ins Auto zu steigen war kein Spaß für Penny Jane.

Also ließ ich zuerst Penny Jane ins Auto steigen und dann erst Dixie. Und sobald Dixies Pfoten den Sitz berührten, bat ich sie um einen Kuss. Dieser Hund liebt Küssen, weshalb sie nicht schwer zu überreden ist, das Schnäuzchen zu spitzen. Gleichzeitig einen ihrer unverwechselbaren feuchten Schmatzer auf meine Wange zu platzieren – oft schafft sie es irgendwie, ihre Zunge in mein Ohr zu bugsieren –, und Penny Jane zu traktieren ist aber unmöglich. Mich zu küssen lenkt Dixie von ihrer Alphatierprahlerei ab. Danach setzt sie sich einfach hin, und wir können los.

Nachdem dieses Problem gelöst war, wandte ich mich dem nächsten Mitglied meines Rudels zu, auch bekannt als Großer Hund. Scott hatte die Angewohnheit, sich hinter mir herumzudrücken und mich einzuengen, wenn ich am Herd stand. Das störte mich. Immer wieder bat ich ihn, mir mehr Raum zu lassen, was er dann auch tat. Aber über kurz oder lang schlich er sich wieder näher heran, genau wenn ich ein Omelett wendete oder Wein in eine heiße Pfanne goss. Dann bellte ich ihn an, und er schien überrascht, sich schon wieder in Herdnähe zu befinden. Feuer, Essen, seine Frau – ich glaube, er konnte nicht dagegen an. Instinktiv kam er näher.

Um ihn von mir und dem Ofen wegzulocken, platzierte ich Petersilie, die er hacken, oder Käse, den er reiben musste, am anderen Ende der Kücheninsel. Oder ich stellte ihm weit weg vom Herd eine Schüssel Chips mit Salsa und ein Bier hin. Schon bald hatte ich es geschafft: Mein Mann konnte schließlich nicht an zwei Orten gleichzeitig sein. Ein unvereinbares Verhalten, maßgeschneidert auf Scotts natürliche Veranlagung – er ist eben ein futtergesteuertes, eigentlich sogar chipsgesteuertes Tier – hatte erreicht, was jahrelanges Anbellen nicht erreichen konnte.

Von meinem Erfolg beflügelt, versuchte ich es an meiner Mutter. Wenn ich sie besuchen fahre, kaufe ich ihr gern die eine oder andere Kleinigkeit fürs Haus. Der Gedanke dahinter ist, dass es Spaß machen könnte; dass wir zusammen einkaufen und sie sich selbst etwas aussucht. Aber meistens hebt sie, sobald wir im Laden stehen, zu einer endlosen Liste von Gründen an, warum sie überhaupt nichts braucht. Diese Litanei begleitet mich oft noch bis zur Kasse. Das machte ungefähr so viel Spaß, wie einen Kranich auf dem Kopf sitzen zu haben. Bei meinem nächsten Besuch sah ich mich in ihrem kleinen Häuschen um, stellte fest, was sie meiner Ansicht nach brauchen konnte (fast immer Lampen), lieh mir unter einem vorgeschobenen Grund ihr Auto aus und fuhr alleine einkaufen. Das Zuhausebleiben meiner Mutter war unvereinbar mit ihren Protesten gegen den Geschenkekauf. Ich kam mit einer Stehlampe in der einen und einer Tischlampe in der anderen Hand zurück.

«Ach», sagte sie. «Das wäre doch nicht nötig gewesen.» Danach überlegten wir fröhlich zusammen, wo wir sie hinstellen wollten.

Ich dachte mir ein unvereinbares Verhalten – beziehungsweise eher eine unvereinbare Situation – für einen Nachbarn aus. Er bildete sich offenbar ein, dass der struppige Hof hinter unserem Gebäude ihm allein gehörte. Ungehemmt lagerte er Torfsäcke, alte Skateboards, Plastikeimer und einen ausrangierten Teakholztisch auf unserer Seite des Zauns. Eine andere Wohnungsbesitzerin in unserem Gebäude wollte ihm schon die Leviten lesen. Doch ich hatte meine Zweifel, ob ein Ultimatum so gut ankäme. Immerhin war er ein Nachbar, weswegen es wichtig war, ein gutes Verhältnis zu ihm zu bewahren. Außerdem war es zwar unser Hof, aber er deponierte bereits seit Jahren Sperrmüll dort, ohne dass jemand auch nur Piep gesagt hätte. Es war also zu einem Verhaltensmuster geworden.

Also entschloss ich mich, einen Garten anzulegen. Wenn ich Rhododendren und Hortensien pflanzte, wäre weniger Platz für seine Sachen. Dann müsste er sie wegräumen. Die Fläche hatte ein bisschen Hege und Pflege ohnehin dringend nötig, und ich dachte mir, da das Haus dieses Nachbarn unser trostloses Grundstück überblickte, würde er selbst jede Verbesserung begrüßen. Es würde ein Weilchen dauern, aber meiner Einschätzung nach hätten wir bessere Chancen auf Erfolg als durch eine Konfrontation.

Als Nächstes nahm ich mir die Studentin mit dem Hang zur Hysterie vor. Wie schon erwähnt, unterbrach ich einmal spontan das Gespräch mit ihr, doch ich brauchte auf Dauer eine besser durchdachte Methode. Ich stellte fest, dass sie sich ihr emotionales Feuerwerk für die Momente aufsparte, in denen wir allein waren. In Anbetracht dessen lag die Lösung auf der Hand: nur mit ihr sprechen, wenn noch weitere Leute anwesend sind. Ich nahm – zu Recht – an, dass sie dadurch vernünftig bliebe. Das war sozusagen wie einen Schwertwal aufzufordern, die Brustflosse aus dem Wasser zu strecken. Das hält Shamu einerseits davon ab, seine Kollegen zu ärgern; doch das Präsentieren der Flosse an sich, als ruhige Verhaltensform, fördert auch Gelassenheit.

Bei der Studentin war das etwas knifflig, denn sie drückte sich nach dem Unterricht lange herum, stand im Hintergrund, während andere Studenten mich mit Fragen löcherten, und trat erst vor, wenn alle anderen weg waren. Also wandte ich mich nach der Stunde, umringt von meinen Studenten, direkt an sie. «Haben Sie eine Frage?» Dadurch ließ ich die anderen warten und hielt alle im Raum fest. Wenn ich merkte, dass der Rest des Kurses während unseres Gesprächs Richtung Tür driftete, ging ich mit. Wollte sie weiter mit mir sprechen, musste sie mir hinaus auf die Straße in einen größeren Strudel menschlicher Tiere folgen, wo wir mit Sicherheit nicht allein wären.

Auch bei mir selbst probierte ich unvereinbares Verhalten aus. Ich hasse Warten, und je mehr nutzlose Sekunden sich vor mir auftürmen, desto schlechter wird meine Laune. Da ich auf höherer Drehzahl laufe als mein Mann, musste ich immer wieder Zeit totschlagen, während er duschte, sich rasierte, anzog und weiß der Himmel was noch anstellte. Ich brauchte ein alternatives Verhalten für die Wartezeiten. Heute gehe ich immer in den Garten und zupfe Unkraut, wenn ich vor ihm ausgehfertig bin. Ich mag Unkrautzupfen. Es ist eine angenehme Mischung aus Bewegung, frischer Luft, Ordnung, Pflege und Herrschaftsgewalt (ich entscheide, was am Leben bleibt und was sterben muss). Das Jäten vertreibt mir nicht nur die Zeit und ist damit rein technisch gesehen unvereinbar mit dem Warten; der körperliche Akt, nichts ahnenden Pflanzen das Leben zu entreißen, wirkt zusätzlich gegen Frust. Zwei Nachteile hat die Sache allerdings. Zum einen ist das Jäten eine schmutzige Angelegenheit. Ich habe schon die Speisekarte in einem Nobelrestaurant aufgeschlagen und nach Luft geschnappt – nicht, weil die Vorspeisen so überteuert waren, sondern weil ich so viel Schmutz unter den Nägeln hatte. Einmal entdeckte ich im Dunkel eines Kinos einen eigenartigen, beinahe phosphoreszierenden Fleck auf meiner Hose, den ich im Lichte der Damentoilette als Taglilienpollen identifizierte. Zum anderen ist das Unkrautzupfen saisonal begrenzt. In den langen, kargen neuenglischen Wintermonaten muss ich vielleicht dazu übergehen, die Küche aufzuräumen, doch das macht nicht annähernd so viel Spaß, wie in der Erde zu wühlen. Eigentlich macht es mir sogar überhaupt keinen Spaß. Also wäre ich beim Saubermachen zwar beschäftigt; aber ein Spülbecken voller schmutziger Weingläser frustriert mich mehr, als banales Warten es je könnte. Unvereinbares Verhalten ist nicht gleich unvereinbares Verhalten. Für den Winter brauche ich einen Plan B.

Diese Methode gibt es schon mindestens so lange wie Schlachtpläne. Wenn man seinen Feind zu einer Kampflinie lockt, dann ist das unvereinbar mit einem Angriff im Rücken der eigenen Armee. Unzählige Menschen – Lehrer, Trainer, Chefs, Eltern, Ehepartner – machen sich das zunutze. Als ich ins Rathaus ging, um die Hundesteuer für ein weiteres Jahr zu bezahlen, stellte ich fest, dass dem Kuli auf dem Tresen ein Schwanz gewachsen war: Ein langer Plastiklöffel war daran festgeklebt. Das hatten die Angestellten getan, um gedankenverlorene Menschen wie mich davon abzuhalten, ihn mitzunehmen. Den Stift doppelt so lang zu machen war eine Art unvereinbares Verhalten. Man kann nicht zerstreut etwas in die Tasche stecken, was nicht reinpasst. Sie hätten auch ein Schild aufstellen können: «Wehe, Sie nehmen den Stift mit!» Aber das unvereinbare Verhalten war eine verlässlichere und auch freundlichere Methode, das Schreibgerät an Ort und Stelle zu behalten.

Jemanden auf einen Botengang zu schicken, um ihn aus den Füßen zu haben, ist ebenfalls unvereinbares Verhalten. Jedes Jahr um Weihnachten herum bemerke ich auffallend viele Männer im Supermarkt. Ziellos wandern sie mit zerknüllten Zetteln in den großen Händen durch die Gänge und wirken zwischen all den hellen Lampen und ordentlichen Regalen vollkommen ratlos. Ein eigenartiges jährliches Migrationsmuster. Jetzt ist mir klar, warum sie da sind und zwischen lauter Marmeladegläsern nach Mayonnaise suchen, vor glänzenden Regalen voller Olivenöl meditieren, auf dem Boden kniend Dosentomaten inspizieren (geschält? in Stücken?), schwindlig vor lauter Auswahl. Die Köchin zu Hause braucht möglicherweise noch ein paar Zutaten, aber ich vermute mal, das ist selten der wahre Grund. Ihre Frauen haben ihnen ein unvereinbares

Verhalten gesucht. Um sie während der Festtagsvorbereitung aus dem Haus zu bekommen, haben die Gattinnen sie losgeschickt, um Zucker, Butter, Rosinen oder, wenn sie auf Nummer sicher gehen und eine Weile ihre Ruhe haben wollen, schwer zu findende Dinge wie Wäscheklammern, Kapern oder Hefe zu besorgen.

Besonders Eltern machen Gebrauch von diesem Ansatz, ohne sich darüber bewusst zu sein, dass er einen Namen und eine Parallele im Tiertraining hat. Meine Mutter hielt uns selten zur Ruhe an. Stattdessen schickte sie uns nach draußen zum Spielen, wo wir den Lärmpegel im Haus nicht anheben konnten. «So schlimm regnet es gar nicht», sagte sie, während sie uns in die Regenmäntel half. Viele Mütter in der Nachbarschaft hatten dieselbe Idee, daher hatten wir immer reichlich Gesellschaft, wenn wir in Regen, Schnee oder Sturm spielten. Das Gute daran war, dass es uns alle abhärtete.

Ich hatte früher schon diverse unvereinbare Verhaltensweisen im Repertoire, lange bevor ich wusste, dass es welche waren. Jeder, der schon mal babygesittet hat, weiß, wie schwer es ist, die Schützlinge ins Bett zu bringen. Die meisten Kinder lieben es, einen Babysitter zu haben, und die Abwechslung vom Alltag versetzt sie in Ekstase. In meinen Anfangstagen als Babysitter fiel ich beim Anblick der aufblitzenden Scheinwerfer vor dem Haus und in dem damit verbundenen Wissen, dass die Eltern jede Sekunde die Haustür aufschließen konnten, auf die Knie und flehte drei Grundschüler an, doch bitte ins Bett zu gehen. Mit der Zeit aber wurde ich schlauer. Ich verlegte mich darauf, die Kinder so müde zu machen, dass sie freiwillig ins Bett gingen. Totale Erschöpfung ist unvereinbar mit der Weigerung, schlafen zu gehen. Ich dachte mir wilde Spiele aus. Einer meiner größten Erfolge war das Laute Restaurant. Ich, der Gast, und zwei kleine Jungs, Kellner und Koch, brüllten uns gegenseitig an. «Ich möchte einen Hamburger», blökte ich. «Wie soll das Fleisch gebraten sein?», schrie der Minikellner zurück. Gleichzeitig schlug der Minikoch Töpfe gegeneinander und kreischte: «Fertig!» Nach einem Abend im Lauten Restaurant musste ich die beiden ins Bett tragen.

Unvereinbare Verhaltensweisen sind eine so nette Vorgehensweise, dass sie auch für den Urheber stark verstärkend sein können. Es machte viel mehr Spaß, meinem Mann Chips und Bier hinzustellen, als ihn immer wieder zu bitten, Abstand zu halten. Ich genoss es, meine Mutter mit einem Geschenk zu überraschen. Unseren Garten zu gestalten war für mich viel angenehmer, als meinen Nachbarn zu konfrontieren. Das Laute Restaurant fand ich genauso lustig wie die Kinder. Und ein Kuss von Dixie ist sowieso immer ein Highlight für mich.

Wenn heute bildlich gesprochen ein Kranich mit den Flügeln schlägt, die Füße ausstreckt und auf meinem Kopf zu landen versucht, dann zücke ich einfach meine Matte.

ZEHN

Große Katzen

Immer wenn Mara Rodriguez einen der zwei Pumas an einer Kette im Zoo spazieren führt oder in den Käfig der beiden tritt, hält sie die Augen nach Nuancen ihrer Körpersprache offen, die verraten, dass die Katzen sich als das zu fühlen beginnen, was sie sind – echte Raubtiere. Sie achtet auf erweiterte Pupillen, einen tiefgesenkten Kopf, ein leichtes Kauern oder einen Blick, der nicht ausweichen will, eine Art Raubtiertrance. Vor allem möchte sie keine auf sich speziell gerichteten Katzenaugen, doch generell kann jedes Starren Ärger bedeuten. Ein Puma, der die Augen nicht von einem Baum abwendet, könnte einen Hasen oder einen anderen Snack dahinter entdeckt haben. Wenn die Katze die Verfolgung aufnimmt, dann geht der Trainer am anderen Ende der Kette mit auf die Reise.

Einmal wanderte Rodriguez neben einem Schüler des College her, der den Puma an der Kette führte. Da nahm sie eine kaum merkliche Veränderung in der Gangart des Tiers wahr und übernahm die Kette. Ungefähr zehn Schritte weiter sah die Katze sich plötzlich um und ging ohne erkennbaren Grund durch. Rodriguez klammerte sich an die Kette, bohrte die Knie in den Boden und fiel dann flach auf den Bauch, um sich so schwer wie möglich zu machen. Der Puma schleppte sie gute dreißig Meter mit, bevor er stehen blieb. Hose und T-Shirt der Lehrerin waren zerrissen, die Unterarme aufgeschürft.

Manches schlechte Benehmen kann man nicht ignorieren: einen Löwen, der sich auf einen stürzt, einen Papageien, der beißt, selbst einen Hirsch, der auf die Hinterbeine geht (Vorsicht vor den Vorderhufen). Wenn ein paar Fangzähne die eigene Halsvene anvisieren, dann kann man keine Gleichgültigkeit vortäuschen, um das äußerst unerwünschte Verhalten nicht zu verstärken. Man befindet sich weit jenseits von Belohnungen. Ein LRS würde den Tod bedeuten. In diesem Fall hat man besser eine Peitsche oder einen Rohrstock bei sich. Obwohl kürzlich ein Trainer einem erzürnten Schwertwal, der ihn am Fuß gepackt hatte, mit nichts als seinem Trainingsstöckchen entkam. Er behielt die Ruhe und wehrte sich nicht, bis Shamu wieder losließ.

Im Idealfall, so lernte ich von Trainern wie Rodriguez, lässt man es niemals so weit kommen, dass Zähne, Klauen oder Hufe auf menschliche Körperteile treffen. Sondern man achtet auf die leisesten, frühesten Signale, dass ein Tier die falsche Richtung einschlägt. Dann erstickt man das Verhalten im Keim. Manchen Berichten zufolge hat Roy Horn an jenem Abend, als er in Las Vegas auf der Bühne angegriffen wurde, genau das getan: Der Tiger fixierte jemanden im Publikum. Horn gab ihm eins auf die Nase, um ihn abzulenken und den Blick abzuwenden. Dann schnappte sich die Katze unglücklicherweise seinen Arm, und im darauffolgenden Gerangel stürzte Horn auf die Bühne, wo der Tiger ihn in den Hals biss.

Wenn Rodriguez auch nur das winzigste Anzeichen entdeckt – was man unter Trainern auch eine Vorstufe nennt –, dass ein Puma aggressiv wird, dann dirigiert sie das Verhalten um. Das bedeutet, sie lenkt die Katze durch ein Kommando, eine Richtungsänderung beim Spaziergang oder sogar einen Klaps auf die Nase ab, wie um zu vermitteln: «Komm wieder zu dir, Kumpel.» Oder sie verlässt den Käfig. In jedem Fall unternimmt sie unmittelbar etwas, um das Verhalten zu beenden, bevor es einen Sog entwickeln kann. In den allerersten Sekunden, in denen eine Raubkatze über eine Attacke *nachdenkt*, kann man sie vielleicht noch auf andere Gedanken bringen. Nicht aber, wenn sie erst einmal wild entschlossen ist.

Die meisten Spezies senden ihre Absichten und Stimmungen deutlich aus. Das überzeugt im besten Fall einen nervtötenden Halbwüchsigen, sich wieder einzukriegen, einen ungebetenen Romeo, sich zu trollen, oder einen Eindringling, aus dem eigenen Revier zu verschwinden. Alles ohne Handgreiflichkeiten. Gereizte Schwertwale und Delphine klatschen mit ihren Brustflossen aufs Wasser, spritzen herum, machen Blasen oder lassen den Kiefer knacken. Ein erregter Seelöwe schaukelt mit dem Kopf oder verändert abrupt den Gesichtsausdruck. Papageien stellen die Kopffedern auf, recken den Schnabel oder knurren. Paviane bellen oder blinzeln übertrieben.

Auch jegliches anormale Verhalten kann ein Anzeichen sein. Ein nachtaktives Tier, das im Morgengrauen hellwach ist, ein normalerweise ruheloses Tier, das faul in der Ecke sitzt, ein geselliges, das urplötzlich von Schüchternheit übermannt wird. Solch ungewöhnliches Verhalten kann einen Stimmungswechsel zum Schlechteren oder gar ein gesundheitliches Problem kennzeichnen. Im Allgemeinen ist ein starrer Blick aus großen Pupillen bei den meisten

Spezies kein gutes Zeichen, besonders nicht, wenn er auf einen selbst gerichtet ist.

Einzelne Tiere können auch ihre eigenen, einzigartigen Signale haben – noch ein Grund, warum ein Trainer seine Schützlinge gut kennen muss. Wie bereits erwähnt, neigte das Dromedar Kaleb zu heftigen, zischenden Anfällen, wenn man mit ihm durch den Zoo spazierte. Die Schüler, die mit ihm arbeiteten, mussten lernen, seine Signale zu lesen. Wenn Kalebs Laune in den Keller rutschte, hob das gut fünfhundert Kilo schwere Huftier den Schwanz, verspannte den riesigen Körper, zog die rundlichen Ohren an und die Lippen zurück. Manchmal erschien sogar ein wenig Schaum vor dem großen Maul. Wer jetzt findet, diese Körpersprache klinge doch recht eindeutig, muss bedenken, dass Kaleb sich nicht gern ansehen ließ. Das konnte ihn ernstlich auf die Palme bringen. Eine clevere Schülerin lernte, Kalebs Gemütszustand an seinem Schatten abzulesen. Irgendwann kannte sie seine Körpersprache so gut, dass sie ihn überhaupt nicht sehen musste. Sie konnte einen sich zusammenbrauenden Sturm durch die Leine spüren. Dann zog sie fest an dem Seil, um seinen großen Kopf zu senken. Falls das seine Stimmung nicht wieder kippte, hatte sie zumindest mehr Kontrolle über das schon bald wutschnaubende Kamel.

Die Zeichen deuten

Körpersprache ist mir nichts Neues. Wie die meisten Menschen setze ich sie ein und deute sie auch, zugegebenermaßen manchmal falsch. Wenn mein Vater mit seinem Mittelfinger auf mich zeigte, dann kam unweigerlich einer seiner schlechten Witze. (Kennst du den mit dem Hund, der Benzin getrunken hat? Er rannte immer im Kreis, bis er zusammenklappte. Sein Tank war leer!) Wenn mein spielsüchtiger Alkoholiker-Chef im Restaurant aus seiner Bürohöhle herunterkam, dann drohte eine lautstarke Standpauke. Der kampflustige Redakteur bei der Zeitung starrte mich immer an, bevor er einen Streit vom Zaun brach. Eine Frau im Pokerclub bat immer um einen Blick auf den Spickzettel, wenn sie ein gutes Blatt hatte. Für jemanden, der sich nicht merken konnte, ob ein Fullhouse besser ist als ein Paar, gewann sie ziemlich oft. Zum Glück hatte sie diese verräterische Angewohnheit. Sobald sie auf den Zettel schielte, stieg ich aus und lenkte ihr Verhalten damit geringfügig um. Sie gewann zwar trotzdem, aber nicht so viel von mir.

Einmal arbeitete ich für einen Zeitungsredakteur in Vermont, der jedes Mal, wenn ihm eine Idee für eine Story einfiel, aufstand, demonstrativ die Arme reckte, einen übertriebenen Seufzer ausstieß, sich den Bauch rieb und so tat, als werfe er einen Baseball. Danach ließ er den Blick durch die Redaktion schweifen, um einen untätigen Reporter ausfindig zu machen. Man hatte schnell heraus, dass man, wenn er aufstand und sich streckte, spätestens aber, wenn er sich den Bauch rieb, sehr, sehr beschäftigt wirken musste. In dem Moment klemmten wir dienstälteren Angestellten uns rasch den Telefonhörer ans Ohr, als interviewten wir jemanden, und tippten dazu emsig auf der Tastatur herum.

In der Trainingsterminologie gesprochen deuteten wir die Zeichen dieses Redakteurs, die einem uns unerwünschten Verhalten vorausgingen: dem Delegieren einer Aufgabe. Ich hatte schon genug Arbeit, also lenkte ich das Verhalten von mir weg und auf einen anderen armen Tropf hin, der an seinem Schreibtisch die *New York Times* las. Das allerdings war eine Ausnahme. In der Mehrzahl der Fälle reagierte ich auf Zeichen, selbst auf solche Zaunpfähle wie die des Redakteurs, viel zu spät. Wenn überhaupt.

Wie viele andere neige ich dazu, alle möglichen Signale – ob subtil oder nicht, ob aus Höflichkeit oder aus Realitätsverleugnung – so lange zu ignorieren, bis ich zum Handeln gezwungen bin. Ich hoffte immer, der Redakteur würde den Blick abwenden, der Restaurantchef mich nicht anbrüllen, mein Vater endlich mal einen guten Witz erzählen, nicht schon wieder den mit dem benzinschluckenden Hund. Ein Bekannter erzählte mir einmal, er glaube, dass die Leute solche Zeichen deswegen ignorieren, weil die Hoffnung zuletzt stirbt. Wir wünschen uns, dass es dieses Mal anders ausgeht, dass das übermüdete Kind nicht durchdreht, dass der Freund nicht jammert, dass der Chef einen nicht anschreit. Mag sein, aber Hoffnung und Faulheit liegen nah beisammen. Schon oft hat mich ein hoffnungsvolles Herz gleich auf den Weg des geringsten Widerstands geleitet, welcher oft in die falsche Richtung führt.

Einmal verbrachte ich einen Sommer als Au-pair in Frankreich. Wenn mir meine drei Schützlinge manchmal zu anstrengend wurden, legte ich einfach den französischsprachigen Schalter in meinem Kopf um. Dann konnten sie mir erzählen, was sie wollten, ich hörte nur ein seliges «Bla,

bla, bla». Eine dieser Episoden fand beim Abendessen statt. Ich strich mir etwas Weichkäse auf ein Stück Baguette, und als ich es an den Mund hob, machte die fünfjährige Alix «Bla, bla, bla» zu mir. Und zwar immer nachdrücklicher, je näher das Brot meinem Mund kam. «Bla, bla, bla!» Sie wedelte mit den kleinen Händchen und deutete auf mein Baguette. Schließlich, als ich den Mund öffnete, bemerkte ich, dass sich der Käse bewegte. Er war, könnte man sagen, überreif. Blitzschnell klappte ich den Mund wieder zu und schaltete auf Französisch. «Da sind kleine Tiere in deinem Käse!», hörte ich Alix rufen. Ich warf den ganzen zappelnden Brocken in den Müll.

Verschobene Aggression

Wütende, frustrierte Tiere, ganz besonders Primaten und Raubkatzen, attackieren oft, was auch immer gerade verfügbar ist. Während einer Übungsstunde im Lehrzoo fiel die Löwin Kiara einmal versehentlich von dem Brett an der Wand ihres Geheges und knallte auf den Betonboden. Wie ich bei der Gelegenheit feststellte, sind Löwen gar nicht so graziös. Sie stieß ein Brüllen aus tiefster Kehle und durch gefletschte Zähne aus und versetzte dann einem von der Decke hängenden Balken einen satten Prankenhieb.

«Mach ihn fertig, mach ihn fertig!», stachelte der mit im Käfig befindliche Nachwuchstrainer sie an. Nachdem sie dem Balken hinlänglich bewiesen hatte, wer hier das Sagen hat, verrauchte ihr Groll, und sie schlenderte zurück zu dem wartenden Schüler, um weiterzutrainieren.

So etwas nennt man verschobene Aggression. Das findet man nicht nur im Zoo. Ich erlebe es jeden Tag in meinem Rückspiegel, wenn ein Geländewagen mir auf die Stoßstange auffährt, oder bei der Verkäuferin, die über einen Zwanzigdollarschein meckert. Ehepartner beider Geschlechter verspüren regelmäßig die Klauen verschobener Aggression. Genau wie Kinder, Eltern, Geschwister und Angestellte. Meine Mutter demonstrierte einmal einen legendären Fall von verschobener Aggression auf einer Urlaubsreise mit der ganzen Familie, als die Besteckschublade in unserem Faltwohnwagen klemmte. Sie kanalisierte die gesamte Frustration einer verregneten, trostlosen Woche in den Smoky Mountains, von nicht trocknen wollenden Schlafsäcken, nicht brennen wollenden Lagerfeuern, nicht enden wollendem Schlamm auf dem Wohnwagenfußboden in diese Schublade. Sie zerrte und zerrte und zerrte, und wir vier Kinder wichen immer weiter zurück, bis unsere Rücken flach an die Stoffwand gedrückt waren. Wir hätten nach draußen fliehen können, doch es war, wie eine mysteriöse Naturerscheinung zu beobachten. Wir mussten einfach sehen, was passieren würde. Ein letztes Mal riss meine Mutter an der Schublade, und urplötzlich löste sie sich. Messer, Löffel und Gabeln flogen in hohem Bogen durch den Wohnwagen und regneten geräuschvoll auf uns herab. Wir waren weniger verängstigt als von ihrer Kraft eingeschüchtert, mal ganz abgesehen von dem fliegenden Essgerät. Später lachten wir herzhaft über unsere Mutter, die Besteckbombe.

Verschobene Aggression ist nicht fair, nicht richtig, aber sie gehört zum Leben. In Anbetracht dessen hörte ich auf, sie persönlich zu nehmen, ganz besonders von meinem Ehemann. Nicht, dass mir das gefällt, Gott bewahre. Was mich zu meinem zweiten Punkt führt: Eben deshalb vermeide ich sie heute bewusst. Wenn mein Mann mit seinem Fahrrad kämpft, weil beispielsweise der Sattel klemmt oder ein anderes ölverschmiertes Gerät nicht gehorcht, dann spreche ich nicht mit ihm. Ich gebe nicht einmal elementare Informationen weiter wie «Dein Toast ist fertig» oder auch nur ein «Hallo». Diese Regel würde ich vielleicht höchstens brechen, um «Leopard!» zu rufen.

Im umgekehrten Fall, wenn ich Lust verspüre, jemandem einen Hieb zu versetzen – meinem Gatten zum Beispiel –, dann suche ich mir ersatzweise einen Holzbalken. Als ich letzten Herbst einen Parkaufkleber nicht finden konnte, den wir für unser Auto brauchten, drehte ich durch. Es war ein schlimmer Tag gewesen, am Ende einer schlimmen Woche. Der verlorene Aufkleber war der berühmte Tropfen, die verklemmte Besteckschublade. Scott erbot sich, mir beim Suchen zu helfen, was in mir unerklärlicherweise den Wunsch weckte, mich auf der Stelle scheiden zu lassen. Mit dem letzten Rest an Selbstbeherrschung marschierte ich die Treppe hoch und warf mich aufs Bett, um über blöde Parkaufkleber, die Ehe, das Leben zu wettern. Irgendwie gelang es mir, gleichzeitig einen Katalog durchzublättern. Die Bilder ordentlich gefalteter Steppdecken und bunter Bettlaken beruhigten mich schließlich. Als der Anfall vorübergehenden Wahnsinns allmählich verebbte, rief Scott herauf: «Ich hab den Aufkleber gefunden!»

Ein Trainer kann sich nicht erlauben, jemals unaufmerksam zu sein oder nicht zu reagieren. Ein übersehenes Signal, selbst von einem kleinen Tier, kann große Folgen haben. Ein Trainer kann nicht herumstehen und darauf hoffen, dass alles von alleine gut geht, dass die mit den Augen funkelnde Katze ihn nicht anfällt, dass der erregte Affe nicht beißt. Im Lehrzoo achteten die Nachwuchstrainer – infolge der zu Kopf steigenden Mischung aus zu viel Selbstvertrauen und zu wenig Erfahrung, die zum Schülerdasein dazugehört – nicht immer auf Zeichen, die ein Profi berücksichtigen würde. Einer der Besten in der Klasse, der schon ein Kamel, einen Pavian und die Pumas trainiert hatte, betrat eines Morgens das Gehege des Wickelbärs, obwohl ganz offensichtlich etwas nicht in Ordnung war. Der Wickelbär, ein nachtaktiver, im Regenwald beheimateter Säuger, der mit seinen großen, glänzenden Augen, der rosa Schnauze und dem langen Greifschwanz aussieht wie ein Fabelwesen, saß hellwach auf dem Boden. Eigentlich hätte er tief und fest in seiner Box schlafen müssen. Trotzdem ging der Schüler hinein. Ohne weitere Vorwarnung verbiss sich der Wickelbär mit seinen kleinen, aber scharfen Zähnen in seiner Hand. Dort verharrte das Tier einige Minuten, wodurch es dem Schüler den Fingerknöchel und das Ego ankratzte.

Eine Trainerin erzählte mir, wie sie zu Hause bei ihrem Sohn die Zeichen zu deuten gelernt hatte. Sie hatte beobachtet, dass er immer unmittelbar, bevor er sich aufregte, eine Augenbraue hochzog. Wenn sie also bemerkte, wie eine Augenbraue nach oben wanderte, wechselte sie schnell das Thema oder kitzelte ihn vielleicht. Der Trick war, nicht nur das Anzeichen zu bemerken, sondern auch sofort darauf anzuspringen. Mir kam die Idee, dasselbe bei meinen menschlichen Tieren zu tun: bewusst auf Signale zu achten und zudem wie ein Trainer darauf zu reagieren. Das könnte mir einige metaphorische Bisse ersparen, die eine oder andere Verhaltenskomplikation entwirren. Mir fiel auch sofort eine ein.

An den meisten Abenden schafft Scott es vor mir ins Bad. Dann kann ich eine gute halbe Stunde darauf warten, mir das Gesicht zu waschen, während er in der Rock-and-Roll-Enzyklopädie liest. Ich rüttle an der Tür und frage, wie lange er noch braucht. Daraufhin höre ich, wie eine Seite umgeblättert wird, und er ruft: «Nur noch ein paar Minuten.» Sprich: eine Viertelstunde. Sagen wir es mal so: Der Mann hat schon so lange auf der Toilette gelesen, dass ihm die Beine eingeschlafen sind. Einfach zu ignorieren, dass er im Bad ist, hat nicht funktioniert; genauso wenig wie schmollen. Ich musste das Verhalten stoppen, bevor es begann, soll heißen, ich musste zuerst ins Badezimmer kommen, mich waschen, abschminken, Zähne putzen, kämmen. Danach könnte er von Aerosmith bis Frank Zappa lesen, ohne mich zu stören.

Normalerweise jedoch liege ich gemütlich mit unseren beiden Hunden auf dem Sofa, sehe mir *Animal Planet* im Fernsehen an und nehme mir vor, bei der nächsten Werbepause ins Bett zu gehen. In diesem Moment höre ich oben die Badezimmertür ins Schloss fallen und merke, dass ich wieder einmal meine Chance verpasst habe.

Was würde ein Tiertrainer tun? Auf die ersten Anzeichen

reagieren, dass mein Mann das Badezimmer ansteuert, um zu lesen. Das wäre zum Beispiel eine Zeitschrift in seiner Hand auf dem Weg zur Treppe oder eine spätabendliche Anfrage im Sinne von: «Hast du zufällig meinen Fahrradkatalog gesehen?» Bei einem Signal dieser Art nehme ich inzwischen die Beine in die Hand und rufe: «Ich brauche nur eine Minute!» Auf diese Weise vom Badezimmer wegdirigiert, liest Scott bequem in einem Sessel, wo ihm die Beine nicht einschlafen.

Der größte Durchbruch war für mich, die Zeichen meines eigenen Körpers deuten zu lernen und darauf zu reagieren. Ich habe Asthma. Noch nie musste ich mit Blaulicht ins Krankenhaus; dennoch ist selbst leichtes Asthma besorgniserregend, denn es kann sich jederzeit in schweres Asthma verwandeln, wie eine Reihe von Allergologen mir seit Jahren predigen. «Benutzen Sie den Inhalator, benutzen Sie den Inhalator», wurden sie alle nicht müde, mir einzuschärfen. Dann nickte ich brav, missachtete aber weiterhin alle Zeichen, in der Hoffnung, meine Lungen würden sich wieder beruhigen. Wenn ich dann schnaufend und keuchend mit meinen Hunden Schritt zu halten versuchte, wühlte ich endlich meinen Inhalator heraus. Bis dahin war der Asthmaanfall meistens schon so schlimm, dass ich schweres Geschütz auffahren musste, nämlich meinen Steroidinhalator. Dann dauerte es Tage, Wochen sogar, um meine Lungen wieder zu bändigen. Wäre mein Asthma ein Löwe, dann wäre ich schon tot.

Szenarien

Nehmen wir mal an, mein Asthma wäre tatsächlich ein Löwe: Was wäre das erste Anzeichen, dass meine Lungen zum Angriff übergehen? Denn genau in dem Moment sollte ich mein Asthma durch einige Züge aus meinem Inhalator umdirigieren. Ich hatte keine Ahnung. Ich musste darauf achten. Die nächsten Male, wenn meine Lungen sich verkrampften, passte ich gut auf. Da war ein sehr schwaches Gefühl, als drückte etwas auf meine Brust.

Genau das macht ein Tiertrainer. Um herauszufinden, was einem Verhalten vorausgeht oder es auslöst, muss man es manchmal geschehen lassen. Dabei wird auf die frühen Anzeichen geachtet, die Vorstufen des Verhaltens, um sie sich fürs nächste Mal zu merken. Außerdem registrieren die Trainer auch die Umstände oder Ereignisse, die das Verhalten hervorrufen, die Auslöser. Ein häufiger Auslöser ist das Umsperren, also ein Tier von einem Gehege oder Becken in ein anderes zu bringen. Ein weiterer ist eine Untersuchung durch einen Tierarzt. Für Kaleb, das Kamel im Lehrzoo, war ein Auslöser für seine Zornesausbrüche der mit Rindenmulch bestreute Pfad in der Nähe der Galapagosschildkröte. Wenn es über diese losen Brocken laufen musste, schlug das Dromedar fast jedes Mal aus und bäumte sich auf. Genau deshalb übrigens führten die Schüler des College Kaleb dorthin, wenn sie üben wollten, seine Wutanfälle zu kontrollieren. Sie zogen seinen Kopf nach unten, bevor sie den Pfad auch nur betraten. Wenn ein Trainer weiß, welche Auslöser in einem Tier ein unerwünschtes Verhalten heraufbeschwören, dann kann er sie vermeiden oder regulieren – oder zumindest vorbereitet sein. Das Geheimnis ist, mehr als nur das Verhalten selbst zu sehen, sondern auch, was davor kommt, was es umgibt – das Szenario.

Das Szenario ist alles, was zu einem Verhalten führt, alle Auslöser und Vorstufen, das ganze Drumherum. Szenarien für schlechtes menschliches Verhalten, von winzig bis monumental, gibt es in Hülle und Fülle. Jeden Morgen vollzieht sich das Szenario «Kinder in die Schule schicken» in unzähligen Haushalten überall in Amerika, was mit unschuldigen Fragen beginnt («Hast du deine Hausaufgaben?») und in reichlich bildlichem (und manchmal buchstäblichem) Fauchen und Kratzen gipfelt. Der Abschied eines Ehepartners – zum Supermarkt, in die Stadt, in den Urlaub – gibt ebenfalls ein Szenario für ausgiebiges aggressives Knurren ab. Wenn ich Scheidungsanwältin wäre, würde ich meine Kanzlei wahrscheinlich an den Flughafen verlegen und auf Laufkundschaft warten.

Das Szenario für schlechtes Benehmen zwischen meiner Mutter und mir ist folgendes: Wir essen in einem Restaurant. Das kann alles von einer Imbissbude bis zum französischen Fünfsternerestaurant sein. Wir sind fertig. Der Kellner bringt die Rechnung. Beide greifen wir nach dem Stück Papier, halten es fest, veranstalten ein Tauziehen. «Ich bin dran», «Nein, ich bin dran». Dieses Tischrugby hat in meiner Familie lange Tradition. Einige meiner frühesten Erinnerungen sind die an meine Mutter, Tante und Großmutter, wie sie sich auf die Rechnung stürzen und sie einander aus den Händen reißen. Meine Mutter und meine Tante jammerten «Ma-ma», obwohl sie erwachsene Frauen waren. Meine Großmutter, die diese Handgemenge meist für sich entschied, hielt die Rechnung hoch und lächelte hinterhältig. Sie gewann immer gern. Diese geübte Aggression, wie ein Trainer das nennen würde, gehörte für mich einfach zu einem Familienausflug dazu. Nicht aber für Scott. Er schämte sich zu Tode für diese Schauspiele. Gern wollte er seine geliebte Schwiegermutter zum Essen einladen; aber er wollte keinen Ringkampf um die Rechnung mit ihr austragen.

Also analysierten Scott und ich das Szenario: Die Rechnung kommt auf den Restauranttisch, an dem mindestens zwei Familienmitglieder sitzen. Wer für das Essen bezahlt, musste lange vor dem Ende der Mahlzeit entschieden werden. Da ich ein Teil des Rechnungsringkampf-Szenarios war, musste ich mich im Hintergrund halten. Als wir das nächste Mal auswärts aßen, erklärte mein Mann, sobald wir uns hingesetzt hatten, dass er meine Mutter gern einladen würde. «Okay», sagte sie. Der Kellner brachte die Rechnung, und ich verspürte den Drang, danach zu schnappen, eine Vorstufe des tatsächlichen Danach-Greifens. Doch ich lenkte mein Verhalten um. «Ich hol schon mal die Mäntel», verkündete ich stattdessen und eilte davon. Meine Mutter wiederum faltete die Hände im Schoß, ein instinktives unvereinbares Verhalten, um sich nicht auf die Rechnung zu stürzen. In aller Ruhe nahm sich mein Mann das Stück Papier. In diesem Augenblick war ein Verhaltensmuster, das über zwei Generationen hinweg aufgebaut worden war, endlich durchbrochen worden.

EPILOG

Das Leben danach

Im vergangenen Herbst bestiegen Scott und ich eine Fähre auf eine kleine Insel, die wir von Portland aus sehen können. Obwohl es schon Mitte November war und die Bäume beinahe kahl, schien die Sonne hell und heiß wie an einem Sommertag. Es war so warm, dass wir Dixie mit ihrem dicken Fell zu Hause ließen und uns nur mit Penny Jane auf den Weg machten. Die Insel war klein genug, um über schmale, überwiegend menschenleere Straßen von einem Ende zum anderen spazieren zu können. Scott warf mit einem nur halb aufgepumpten Basketball, den jemand auf einem öffentlichen Platz hatte liegen lassen, ein paar Körbe, während ich meine Nase an das Fenster eines leeren Sommerhauses drückte. An einem grauen, grobkörnigen Strand suchten wir nach bunten Glasscherben, während Penny Jane knirschend Muscheln zerkaute. Wir wanderten an verfallenen, von Ranken überwachsenen Befestigungsanlagen entlang. Wir rannten auf die felsige Nordspitze der Insel, die in die Bucht hineinragt wie ein Schiffsbug.

Als das goldene Tageslicht allmählich verblasste, marschierten wir zurück gen Süden, um die Fähre nach Hause zu erwischen. Unten an der Anlegestelle inspizierte einer von uns, ich weiß nicht mehr, wer, den aushängenden Fahrplan und stellte fest, dass das nächste Boot nicht wie angenommen in Kürze eintraf. Es würde erst in zweieinhalb Stunden kommen, lange nach Einbruch der Dunkelheit, lange nach unserer Essenszeit und der der Hunde. Weder Scott noch ich hatten unsere Handys dabei, von Jacken ganz zu schweigen. Scott hatte zwar am Morgen den Fahrplan im Internet studiert, aber leider vergessen, dass Feiertag war. Ich seufzte und trat gegen die Holzplanken des Stegs. Scott stöhnte und stampfte mit dem Fuß auf.

Normalerweise wäre das Seufzen und Stampfen mindestens zu einem kleinen Wortgefecht ausgeartet, und der wunderbare Tag hätte mit einem schlechten Beigeschmack geendet. Doch als ich schon einen Vorwurf in meiner Kehle aufsteigen spürte, musste ich an die Kronenkraniche denken und suchte nach einer Matte. An der Anlegestelle lag zum Glück ein Stapel Zeitungen, sogar neueren Datums. Ich nahm mir eine, setzte mich in die immer noch wärmende Sonne und schlug sie auf. Sie von vorne bis hinten zu lesen war ein unvereinbares Verhalten damit, meinen Mann zu attackieren (ich rede nicht, wenn ich lese) und untätig zu warten (denn ich informierte mich ja über das Tagesgeschehen). Auch Scott verabreichte sich ein unvereinbares Verhalten, ob bewusst oder unbewusst. Er stellte sich ans Ende des Anlegers und wedelte jedes Mal, wenn ein Boot vorbeiraste, wild mit den Armen. Einmal blickte ich von der Zeitung auf und sagte etwas Brummiges wie: «Es hält sowieso niemand an.» Und ich spielte auch mit dem Gedanken zu erwähnen, wie lächerlich er mit seinen rudernden Armen aussah. Doch dann wurde mir bewusst, dass Scott eine Beschäftigung gefunden hatte, und ich ließ ihn in Ruhe. Penny Jane schnüffelte mit eingerolltem Schwanz einen kleinen Strand neben der Anlegestelle ab.

Zwanzig Minuten später, als ich gerade beim Sportteil angekommen war, klapperte eine Frau mit krausem Haar und Clogs, eine der wenigen ganzjährigen Bewohner der Insel, auf den Steg. Scott ließ die Arme sinken. Ich sah von der Zeitung auf. Verwundert betrachteten wir sie einige Sekunden lang und fragten sie dann, ob ein Schiff käme. Sie sagte ja, ihre Freundin sei darauf. Diese Fähre, erklärte sie, stehe nicht auf dem Fahrplan. Wir wandten uns südlich zum Horizont. Und tatsächlich, schon bald entdeckten wir einen großen weißen Bug, der in unsere Richtung pflügte.

Die Fähre legte an. Die wenigen Passagiere stiegen aus, und dann traten wir, gerettet vor zwei hungrigen, kalten Stunden, leichtfüßig auf den Landungssteg. Abgesehen von der Besatzung hatten wir drei das Boot für uns allein. Als der Motor ansprang und die Fähre von der Insel ablegte, eilten wir über eine Metalltreppe aufs Oberdeck und stellten uns ans Geländer. Früher, wenn wir uns auf dem Anleger gestritten hätten, wäre die Heimfahrt eine überwiegend schweigende, vorsichtige Wiederannäherung gewesen. Wir hätten vielleicht ein paar unverfängliche Kommentare über die Landschaft oder Penny Jane abgegeben. Beide wären wir zu eingeschnappt gewesen, um die Schiffsfahrt oder unsere unerwartete Rettung zu genießen. Jetzt aber kuschelten wir uns aneinander, um uns in der Abendkühle zu wärmen, beobachteten, wie das Licht in der Bucht von Rosa über Dunkelblau zu Schwarz wechselte, und sprachen über unser Abenteuer und unser großes Glück, während wir durch die Schönheit der Nacht nach Hause glitten.

Oft werde ich gefragt, welches die wichtigste Erkenntnis war, die ich von den Tieren und ihren Trainern gelernt habe. *Sich genau zu überlegen, was man verstärkt*, antworte ich. *Zu ignorieren, was einem nicht gefällt*, füge ich hinzu. Ach ja, *und unvereinbare Verhaltenweisen einzusetzen*. Vielleicht auch, *sich in Anwesenheit eines Raubtiers nicht wie ein Beutetier zu verhalten*. Ich kann mich nicht entscheiden. In Wahrheit ist es einfach schwer zu sagen, schwer auf eine einzelne Sache zu reduzieren. Wenn ich mich unbedingt auf eines festlegen müsste, dann wäre es vermutlich, dass die Trainer und ihre Tiere mir einen völlig neuen Blick auf die Welt eröffneten.

Auf einem Flug nach Los Angeles fiel mir kürzlich auf, dass immer, wenn ein Baby weinte, der Vater es an sich zog und ein melodisches, besänftigendes Geräusch machte. Das Baby wurde still. Der Vater hörte auf. Das Kleine meldete sich wieder. «Sch-sch-sch», machte der Papa erneut. Ich beobachtete diesen Verhaltenskreislauf und überlegte, wer hier wen trainiert hatte. Jedenfalls machte Papa auf Kommando «Sch-sch».

Solche Augenblicke der Klarsicht erlebe ich jetzt ständig. Ich sehe Al Gore auf der großen Leinwand und befürchte, dass er uns trotz seiner guten Absichten gegen die Erderwärmung desensibilisiert. Dass wir uns, wie die Löwin Kiara an ihre Kiste, bald so an die Vorstellung einer bevorstehenden Klimaapokalypse gewöhnt haben, dass sie uns gar keine Angst mehr macht. Ich sehe mir *Die Super Nanny* im Fernsehen an und stelle fest, dass ihre Techniken denen der Tiertrainer ähnlen, dass sie aber durchaus Nachholbedarf an sukzessiver Annäherung hätte.

Ich verstehe besser, warum Menschen tun, was sie tun. Als meine Freundin sich nicht von ihrem schwierigen Freund trennte, wusste ich, warum. Er hielt sie mit variabler Verstärkung bei der Stange. Wenn meine Mutter mich bei der Erwähnung eines Hörtests anfauchte, wusste ich, dass ich das Ziel ihrer verschobenen Aggression war – ihrer Wut auf das Alter. Dann lenkte ich ihr Verhalten um, indem ich einen Witz riss und das Thema wechselte. Ich finde es heute noch ekelhaft, wenn jemand sich räuspert. Aber ich weiß, dass es unglücklicherweise höchst selbst verstärkend sein kann, den Hals freizubekommen.

Im letzten Herbst taumelte ich unter der Arbeitslast, dieses Buch schreiben, unterrichten und eine Rede vorbereiten zu müssen. Da fiel mir eine Episode aus meinem Besuch in SeaWorld wieder ein. Ich hatte eine Stunde lang eine Art Poolparty im Schwertwalbecken beobachtet. Trainer sprangen auf große, orangefarbene Flöße, die dann von den Walen mit ihren dicken, schwarzen Köpfen durchs Becken geschoben wurden. Die Trainer hüpften auch ins Wasser und hielten sich an den Rückenflossen der Tiere fest. Dann schleppten die Wale sie durch das tiefblaue Bassin. Das ganze Planschen, Hüpfen, Ziehen und Schieben wirkte völlig zweckfrei. Später erfuhr ich, dass das eine Spielstunde war. Die Trainer hatten den Eindruck gehabt, dass die Wale ein bisschen Dampf ablassen mussten, einfach mal auf den Putz hauen und sich amüsieren.

Ich sehnte mich danach, ein Floß mit der Stirn anzuschieben. Ich musste unbedingt Dampf ablassen. Ich hatte mein Tier – mich – müde und frustriert werden lassen. Einem Trainer würde das niemals passieren. Normalerweise hätte ich einfach unermüdlich weitergeschuftet. Doch das Bild der ausgelassenen Trainer und Wale vor meinem geistigen Auge regte mich zu etwas anderem an. Ich sprang in den Pool und nahm mir den Nachmittag frei.

Natürlich hat die Begegnung mit Tiertrainern mich und in der Folge meine Ehe und mein Leben zum Besseren verändert. Aber sie hat mich nicht reich gemacht, nicht zu einem Genie, auch nicht immun gegen Pech. Das Schicksal schlägt immer noch mit riesigen Tatzen auf mich ein und bohrt gelegentlich seine Fangzähne in mich hinein. Das Leben bleibt, wie ein wildes Tier, wie selbst ein gut abgerichtetes wildes Tier, im Wesentlichen unberechenbar. Ich kann die Narben vorweisen, die das beweisen, besonders eine sehr frische, die noch berührungsempfindlich ist.

Als Dixie fünf Jahre alt war, erfuhren wir, dass eine ihrer Nieren geschrumpft war. Die andere versagte nach und nach. Ein Jahr lang verabreichten wir ihr jeden Tag zweimal ein kleines, weißes Antibiotikum. Wir gaben Spezialfutter, das ihrer einen funktionierenden Niere die Arbeit erleichterte. Der Tierarzt meinte, wir könnten sie noch Monate oder auch Jahre haben, es sei schwer zu sagen. Das ist es immer bei Nierenkrankheiten. Wir hofften das Beste. Das war auch nicht schwer, da unser Energiebündel von einem Hund weiterhin ein Energiebündel blieb, Frisbees jagte, sich einem Tennisball hinterher in turmhohe Wellen stürzte, unsere Beine mit dem Kopf rammte, wenn wir etwas werfen sollten. Ihre Bernsteinaugen erhellten unser Leben.

Eines Morgens, fast drei Jahre nach dieser Diagnose, hob sie nicht den Kopf, als wir ins Zimmer kamen, nicht einmal, als ich ihre Leine in die Hand nahm. Ich raste mit ihr zum Tierarzt, der uns sofort in die Tierklinik schickte. Dort übergab ich meinen sterbenden Hund einer Tierarzthelferin im OP-Kittel. Sie trug meinen Hund über einen gefliesten Korridor weg, und ich glaubte, das Wippen ihres Rückenfells zum letzten Mal zu sehen.

Sofort wurde Dixie intravenös Wasser verabreicht, um die Gifte auszuspülen, die ihre Niere nicht mehr verarbeiten konnte. Am nächsten Tag rief die Klinik an und berichtete, dass sie wach sei und gefressen habe. Drei Tage später durfte Dixie nach Hause, aber es war nur eine Frage der Zeit. Sechs Monate war das Höchste, auf das wir hoffen konnten, erklärte uns der Tierarzt, und das auch nur, wenn wir sie zu Hause behandeln konnten. Mit einem Sortiment an Pillen, einer Tüte Einwegspritzen und einer Schachtel voll praller Wasserbeutel fuhren wir nach Hause. Jeden Tag mussten wir ihre Haut durchstechen und einen halben Liter Wasser darunterquetschen.

Wir konnten Dixie für diese Prozedur nicht vernünftig trainieren. Für eine sukzessive Annäherung blieb keine Zeit, da wir gleich am ersten Tag einen ganzen Wasserbeutel in sie hineinfüllen mussten. Dennoch war Training eine Hilfe. Obwohl wir nervös waren, ließen wir uns das nicht anmerken, damit Dixie nicht merkte, dass diese Billigversion von Dialyse Anlass zur Sorge gab. Also plapperten und zwitscherten wir. «Dixie, Kleines, so was Feines», sangen wir. Ich kniete mich auf den Boden und gab ihr ein Kommando, das sie schon kannte: ihre Nase an meine geballte

Faust drücken. So positionierte ich sie, und Scott konnte leicht eine Handvoll Halsfell greifen und die Nadel hineinstechen. Während Dixie ruhig dastand und kaum auch nur zuckte, schaufelte ich ihr Leckerbissen ins Maul. Danach, wenn sich die Wasserbeule an ihrer Schulter allmählich verteilt hatte, warfen wir ihr Bälle zu, um zu verstärken, dass diese abendlichen Behandlungen etwas Gutes waren. Unser Plan ging auf. Jeden Abend riefen wir «Wasser», und jeden Abend kam Dixie.

Anfangs wechselten Scott und ich uns damit ab, dem Hund die Nadel durchs Fell zu bohren, was kein Spaß war. Ich konnte es zwar, aber ich war etwas ungestüm mit der Nadel. Ich musste sie sehr schnell stechen, ohne groß darüber nachzudenken, sonst erstarrte ich. Verständlicherweise machte meine Methode Scott etwas nervös, vor allem, nachdem ich einmal die Spritze durch ein Stück Fell hindurch in meine eigene Handfläche gejagt hatte. Von da an verspannte sich Scott immer, wenn ich an der Nadel war, was wiederum Dixie verängstigte und mich auch. Er bestand darauf, das Spritzen allein zu übernehmen, woraufhin mein innerer Primat aufbegehrte. Als ob er mir sagen dürfte, was ich zu tun habe! Dann aber wurde mir klar, dass diese abendlichen Wasserprozeduren auch für Scott positiv bleiben mussten. Also überließ ich die Nadeln ihm.

In null Komma nichts war Dixie wieder ganz die unbändige Alte. Sie zog an der Leine wie ein Wildpferd, wenn wir zum Spielen nach draußen gingen, und raste wie der Blitz zur Hintertür, wenn wir riefen: «Auto fahren!» Buddelte ich im Garten, ließ sie immer wieder einen Tennisball in das frische Loch fallen. Im Park fragten mich Leute, ob sie noch ein Welpe sei. Der Tierarzt nannte sie den Wunderhund. Trotzdem bezahlte ich die Hundesteuer nicht für ein weiteres Jahr, und als einer der beiden Hundenäpfe zerbrach, ersetzte ich ihn nicht. Ununterbrochen machten wir Fotos von Dixie, von beiden Hunden zusammen, von uns vieren. Der Sommer und der Herbst waren angefüllt mit letztem Dies und letztem Das: ihr letztes Bad in einem Teich auf Cape Cod, ihr letztes Halloween verkleidet als Batgirl, ihr letztes Weihnachten beim Aufreißen von Geschenken.

Als über die Feiertage die Sechsmonatsfrist kam und verstrich, fragte ich mich allmählich, ob Dixie es uns allen zeigen würde. Vielleicht würde sie ihren neunten Geburtstag noch erleben, vielleicht sogar einen weiteren Sommer. Ich ging aufs Rathaus und bezahlte die Hundesteuer. Ich malte mir aus, wie ich ihr ein Frisbee auf dem grünen Rasen zuwürfe.

Der erste Februartag war grau, eisig und trostlos. Dixie fing am Morgen einen Ball, kaute sogar auf einem Stöckchen, obwohl sie ihren Blutwerten nach vor Tagen gestorben sein müsste. Die Stunden vergingen, und ihr Gang wurde wackelig. Sie fraß nicht. Sie stieß gegen Möbel. Wir bestellten den Tierarzt für den kommenden Morgen ein, um sie zu Hause einzuschläfern. Doch gegen Abend, als das Bernsteinlicht aus Dixies Augen schwand, war klar, dass wir nicht länger warten konnten. Wir stiegen alle vier ins Auto. Die Nacht war ungewöhnlich kalt, und es war Vollmond. Die ganze Fahrt hatten wir grüne Welle, nur einmal mussten wir anhalten, als ein Bus der Linie 63 vor uns ächzend zum Stehen kam und seinen einzigen Fahrgast aussteigen ließ. Wir warteten, während ein gebeugter Mann in ausgebeulter Jeans vor uns über die Straße schlurfte. Auf dem Rücksitz mühte sich Dixie mit hängendem Kopf, sich auf ihrer letzten Autofahrt aufzusetzen.

Scott, Penny und ich erwachten am nächsten Tag in einem stillen Haus. Wie ein Team, das gerade seinen Starspieler verloren hat, sahen wir einander an und fragten uns, wie wir weitermachen sollten. Penny suchte das Haus nach Dixie ab. Scott und ich schrieben E-Mails an Freunde, brachten dem Tierarzt, der uns beigestanden hatte, Blumen und weinten unaufhörlich. Wir taumelten durch diesen ersten Tag und dann den nächsten und so weiter. Wo wir auch hingingen, was wir auch taten, alles erinnerte uns an unser Golden Girl. Wir sehnten uns so nach Dixie, aber ebenso sehnten wir uns nach dem Zauber, den sie in unser Leben gebracht hatte. Das Licht, das uns so hell beschienen hatte, war fort.

Wie ein Trainer zu denken, konnte dieses Licht nicht wieder zum Leuchten bringen, aber es half. Ich machte mich daran, mich selbst auf ein Leben ohne Dixie abzurichten. Ich teilte meine Trauer in kleine Schritte ein, zwang mich dazu, eins nach dem anderen anzugehen. Das erste Dies, das erste Das ohne Dixie. Langsam kehrte ich in die Parks und an die Strände zurück, an denen wir mit ihr spazieren gegangen waren, beginnend bei den weniger geschätzten und dann aufwärts auf der Beliebtheitsskala. Die beiden besten, LeCount Hollow auf Cape Cod und Sandy Beach auf Long Island in der Casco Bay, bewahrte ich mir für den Sommer auf.

Ich dachte mir mit dem Trauern unvereinbares Verhalten aus, um mir immer mal wieder eine Pause von meinem großen Kummer zu gönnen. Ich konnte nicht gleichzeitig schluchzen und shoppen, also ging ich voller Hingabe einkaufen. Nach dem gleichen Prinzip gingen Scott und ich zum Essen aus, wann immer uns danach war. Das schöne Essen und die quirlige Menschenmenge um uns herum machte trauern vorübergehend unmöglich. Nachdem er jahrelang davon gesprochen hatte, sich Werkzeug und einen Ständer zu kaufen, um besser an seinem Fahrrad basteln zu können, tat Scott es endlich. Für ihn war Bremszüge zu justieren und Gangschaltungen zu reinigen ein mit Dixie-Vermissen unvereinbares Verhalten.

Zum ersten Mal wandten wir unsere ungeteilte Aufmerksamkeit Penny Jane zu. Ihre bisherigen fünf Lebensjahre hatte sie in Dixies beträchtlichem Schatten gelebt, und das nicht ungern, würde ich behaupten. Als sie ein ängstlicher, noch nicht sozialisierter Welpe frisch aus dem Tierheim war, hatte sich dieser Schatten sogar als ihre Rettung erwiesen. Nicht, dass wir Penny Jane nicht trainiert hätten. Unsere Border-Collie-Mischung war ein sehr wohlerzogener Hund, der kam, wenn man ihn rief, und ruhig stehen blieb, wenn man die Leine am Halsband befestigte. Sie konnte auch auf Kommando buddeln und abklatschen. Aber als zweitem Hund hatten wir ihr nicht annähernd so viel beigebracht.

Ich stellte fest, dass ein Teil der großen Freude an Dixie in den Spielen gelegen hatte, die wir ihr beigebracht hatten. Scott hatte mit ihr Fußball gespielt. Das hieß, er dribbelte den Ball, während Dixie wie eine Irre im Kreis um ihn herumraste und versuchte, ihn ihm abzujagen. Ich hatte ihr beigebracht, im Haus verstecktes Spielzeug zu finden und einen Ball mit den Vorderpfoten zu mir zurückzuschießen. Dieses Training hatte nicht nur Spaß gemacht, sondern auch Dixies Persönlichkeit zum Vorschein gebracht und unser Band mit ihr verstärkt. Also schnappte ich mir einen Ball und den Klicker und zeigte Penny Jane, wie man ein Frisbee fängt und einen Tennisball apportiert. Scott kniete sich auf den Boden und brachte ihr bei, die Vorderpfoten auf seine Schultern zu legen und ein Leckerchen aus seinem Mund zu nehmen, was uns immer zum Lachen bringt.

Wir gingen in den Park und lehrten Penny Jane ein Spiel, das wir vor langer Zeit mit Dixie gespielt hatten. Wir stellten uns drei Meter voneinander entfernt auf und schickten sie zwischen uns hin und her. «Lauf zu Amy», befahl Scott, und sie rannte mit breitem Lächeln, wippender Zunge und fliegenden Pfoten zu mir. «Lauf zum Großen», sagte ich dann, und sie drehte sich um und sauste auf ihren weißen Pfötchen zurück zu Scott. Nach jeder Runde machten Scott und ich ein paar Schritte rückwärts, bis wir so weit voneinander weg standen, dass wir die Befehle des anderen nicht mehr hören konnten. Ich sah nur Scott auf mich deuten, und wieder stürmte Penny in meine Richtung. Dann schickte ich sie zurück zu Scott, und als ich ihr geringeltes Schwänzchen sich entfernen sah, ein kleiner weißer Schnörkel vor dem blauen Himmel, da lächelte ich. In diesem Augenblick ließ mein Kummer nach und der Zauber von Penny Jane, von zwei Menschen, die ihre gebrochenen Herzen dadurch heilen, dass sie einen Hund zwischen sich hin und her rennen lassen, von der tiefempfundenen Freude an unserem Zusammenwachsen zu dritt, nahm seinen Platz ein.

Wie ich schon zu Beginn sagte, die Welt ist voller Überraschungen. Und vielleicht ist das am Ende die wichtigste Erkenntnis, die ich von den Tieren und ihren Trainern gelernt habe.

Danksagung

Dieses Buch schuldet dem Tierreich tiefen Dank. Das schließt eine lange Liste menschlicher Tiere mit ein, angefangen bei demjenigen, mit dem ich verheiratet bin, Scott Sutherland. Tapfer ist, wer eine Journalistin heiratet, noch tapferer, wer seine Autoren-Gattin über sich und seine Marotten schreiben lässt. Mein Mann ist so wagemutig wie ein Raubkatzendompteur und würde übrigens auch in einem dieser engsitzenden Glitzeranzüge eine hervorragende Figur machen. Die beste Art, ihm zu danken, wäre das Versprechen, nie wieder über ihn zu schreiben. Aber als Journalistin kann ich das leider nicht tun. Ich kann ihm nur versprechen, ihn für den Rest meiner Tage zu lieben. Ich verspreche es.

Als Nächste verdient meine Lektorin bei Random House, Stephanie Higgs, einen Eimer Makrelen – eigentlich sogar einen ganzen Laster frischen Thunfisch. Neben anderen guten Taten nahm sie sich des wilden Tiers der Rohfassung dieses Buches an und richtete es darauf ab, brav an der Leine zu gehen. Eimerweise Fisch auch an alle Mitarbeiter bei Random House, die am Entstehen dieses Buches beteiligt waren.

Makrelen in Hülle und Fülle gehen an meine Literaturagentin Jane Chelius; meine Filmagentinnen Mary Alice Kier und Anna Cottle; und an meine Publizistin Megan Underwood Beattie. Ich betrachte mich als glückliche Autorin, weil ich sagen kann, dass ich mit allen gut befreundet bin. Jeder sollte solche klugen, witzigen Frauen an seiner Seite haben.

Da dieses Buch so eng verknüpft mit meinem vorherigen Buch ist, muss ich einigen Leuten hier noch einmal neu danken. Dr. James Peddie öffnete mir das Tor zu einer Welt, die nicht nur Material für zwei Bücher geliefert, sondern mich auch auf eine Reise geführt hat, die mich wahrlich zum Besseren verändert hat. Außerdem schulde ich dem ausgezeichneten Personal im Moorpark College eine weitere Dankesrunde, allen voran Mara Rodriguez, die so manche dumme Frage für dieses Projekt per E-Mail beantwortete.

Auch stütze ich mich erneut auf das Wissen professioneller Trainer. Sehr hilfreich waren die Texte von Steve Martin von Natural Encounters, Inc.; *Animal Training: Successful Animal Management Through Positive Reinforcement* von Ken Ramirez; und *Positiv bestärken – sanft erziehen* von Karen Pryor. Ohne Pryor und ihre Pionierarbeit für die Revolutionierung des Tiertrainings wäre dieses Buch überhaupt nicht möglich gewesen.

Wie immer schulde ich meiner Familie und meinen Freunden unschätzbaren Dank. Sowohl meine Mutter Joan, als auch mein Bruder Andy erlaubten mir, die Linse des Tiertrainings auf sie zu richten. Meine Autorenkollegin, die brillante Hannah Holmes, war die Erste, die diese Buchidee zu sehen bekam, sogar noch vor der Kolumne. Meine Freundinnen Dana Baldwin, Nancy Bless, Becky Stayner und Elise Williams gestatteten mir nicht nur, sie in dieses Buch aufzunehmen. Sie standen mir auch in den dunklen Stunden bei, wenn dieser Delphin nichts wollte, als auf den Grund seines Beckens abzusinken.

Vor knapp zwei Jahren drückte ich eine Taste an meinem Computer und sandte eine Kolumne durch den Äther an die *New York Times*. Darin beschrieb ich, wie ich die Methoden des Tiertrainings einsetzte, um meine Ehe zu verbessern. Bald schon fand ich eine Antwort von Daniel Jones in meinem Posteingang. Seiner fachkundigen Redaktion des Artikels ist die Kolumne zu verdanken, aus der dieses Buch entstand. Viele, viele Makrelen für Daniel und die *New York Times*.

Das führt mich zu den tierischen Tieren. So viele von ihnen haben mein Leben geformt: mein erster Hund, der stöckchenverrückte Curly; Schmoo, die alte Seelöwin im Moorpark College; die beiden Blauhäher, die seit kurzer Zeit geruhen, an meinem städtischen Vogelhäuschen zu speisen; und natürlich meine Penny Jane. Aber keins von ihnen hat mein Leben so gründlich umgekrempelt wie mein hinreißender Australian Shepherd Dixie. In einem Alter, in dem ich längst nicht mehr an Wunder glaubte oder auch nur glauben wollte, sprang sie in Form von zwanzig Kilo Hund mit Bernsteinaugen in mein Leben. Durch Dixie öffnete sich mir ein neuer Blick auf die Welt, ein neuer Weg, mit allen Lebewesen in Beziehung zu treten, und ein neues, besseres Ich. Darüber hinaus erfüllte sie mein tägliches Leben, selbst noch die trübsten Momente, mit solcher Freude. Nun da sie nicht mehr da ist, weiß ich nicht, ob ich jemals wieder so glücklich sein werde. Aber wenigstens war ich es.

Glossar

A NACH B Einem Tier beibringen, sich auf Kommando von Punkt A nach Punkt B zu bewegen.

ABERGLÄUBISCHES VERHALTEN Verhalten, das die Folge versehentlicher Verstärkung ist, entweder durch Zufall oder aufgrund eines Trainerfehlers.

AUSLÖSER Die Ereignisse oder Umstände, die einem Verhalten vorangehen oder es provozieren.

BESTRAFUNG Etwas, mit dem ein Tier am liebsten nichts zu tun haben möchte. Bestrafung wird eingesetzt, um die Häufigkeit eines Verhaltens zu reduzieren.

BRÜCKEN Kennzeichnungen, die einem Tier klar und ohne Zeitverzögerung vermitteln, wann es etwas richtig gemacht hat und somit eine «Brücke» zwischen dem erwünschten Verhalten und der Belohnung darstellen. Delphintrainer benutzen Pfeifen, Hundetrainer Klicker, andere Trainer ein bestimmtes Wort.

DESENSIBILISIERUNG Ein Tier an neue und potenziell verstörende Erfahrungen, Dinge oder Orte zu gewöhnen.

EXTINKTION ODER AUSLÖSCHUNG Wenn ein Verhalten so lange nicht verstärkt wird, dass es sich verabschiedet.

GEGENKONDITIONIERUNG Etwas Schlechtes in etwas Gutes umwandeln, indem man es mit positiver Verstärkung verbindet. Eine Form der *Desensibilisierung*.

GEÜBTE AGGRESSION Je häufiger ein Tier aggressiv wird, desto wahrscheinlicher wird es erneut aggressiv. Übung verbessert die Fähigkeiten des Tiers zur Aggression, was es wiederum zu weiterer Aggression anregt. Besonders, wenn es den Kampf gewinnt und bekommt, was es will, zum Beispiel nicht zurück ins Gehege zu müssen oder den Trainer zu verscheuchen.

HABITUATION ODER GEWÖHNUNG Ein Tier allein dadurch gegen etwas potenziell Verstörendes zu desensibilisieren, indem man es diesem Reiz aussetzt.

INNOVATIONSTRAINING Das Tier wird dafür belohnt, durch eigenes, kreatives Ausprobieren neue Zwischenziele zu erreichen und neue Verhaltensweisen zu entwickeln.

INSTINKT Angeborenes oder natürliches Verhalten, das typischerweise vorteilhaft für die Spezies ist. Schweine zum Beispiel wühlen instinktiv herum, Waschbären waschen instinktiv ihre Nahrung, und Hühner picken instinktiv nach Gegenständen.

JACKPOT Eine extra große Portion positive Verstärkung – ein Eimer Fisch, eine Handvoll Trockenfutter, eine ganze Süßkartoffel – für die Gelegenheiten, bei denen ein Tier sich selbst übertrifft.

ZURÜCK IN DEN KINDERGARTEN Im Trainingsprozess ein paar Schritte zurückgehen.

KLICKERTRAINING Im Prinzip Delphintraining für Hunde. Mittels positiver Verstärkung in Kombination mit einem Markierungssignal teilt der Trainer dem Hund mit, wann er die richtige Reaktion gezeigt hat. Statt einer Pfeife wie beim Delphintraining wird ein kleines Metallgerät benutzt, das ein klickendes Geräusch macht (daher *Klicker*) und dem guten alten Knackfrosch aus Kindertagen ähnelt.

KÖDERN Einem Tier seine Belohnung auf ein Verhalten im Vorhinein zu zeigen – beispielsweise ein Nashorn mit einer hochgehaltenen Möhre durch ein offenes Tor zu locken.

KRITERIUM Der jeweilige Maßstab, an dem das Gelingen der einzelnen Trainingsschritte einer neuen Übung gemessen wird. Diese Kriterien werden ganz zu Anfang festgelegt und bestimmen, wann ein Schritt erfolgreich ausgeführt wurde und wofür das Tier jeweils die Belohnung bekommt.

LRS (Least Reinforcing Stimulus, zu Deutsch etwa: am geringsten verstärkender Reiz): Wenn ein Trainer angesichts der fehlerhaften Reaktion eines Tieres auf ein Kommando einige Sekunden lang überhaupt nicht reagiert, um dieses Verhalten nicht zu verstärken. Der LRS ist eine neutrale Art, dem Tier mitzuteilen: «Falsch.»

«NEUES-BECKEN-SYNDROM» Eine erlernte Verhaltensweise in einer neuen Umgebung auszuführen kann eine Verschlechterung dieser Verhaltensweise verursachen.

OPERANTE ODER INSTRUMENTELLE KONDITIONIERUNG Eine Methode innerhalb der Psychologie, die auf dem Konzept basiert, dass Lernen durch seine Konsequenzen geprägt wird.

PLASTIZITÄT ODER FORMBARKEIT Flexibles oder anpassungsfähiges Verhalten, das Tieren schnelles Lernen ermöglicht. Soziale Tiere wie zum Beispiel Delphine oder Primaten verfügen typischerweise über große Plastizität.

POSITIVE VERSTÄRKUNG Steigerung der Häufigkeit des Auftretens eines erwünschten Verhaltens durch Vergabe von *positiven Verstärkern*, also Ereignissen oder Dingen, die ein Tier als positiv empfindet.

SELBST VERSTÄRKENDES VERHALTEN Verhalten, das an sich schon angenehm und daher verstärkend ist.

SHAMU Der Name, den SeaWorld für seine Schwertwale prägt. Der allererste Shamu in SeaWorld wurde 1965 im Pugetsund im Nordwesten der Vereinigten Staaten gefangen.

SUKZESSIVE ANNÄHERUNG Training durch die Verwendung einzelner, aufeinanderfolgender Schritte.

SZENARIO Alle Vorstufen und Auslöser, die ein Verhalten auslösen und/oder umgeben.

TARGET-TRAINING Einem Tier beizubringen, einen Körperteil – in der Regel die Schnauze – an einen Gegenstand zu drücken.

UNVEREINBARES VERHALTEN Verhaltensweisen, die unerwünschtes Verhalten unmöglich machen. Ein Schwertwal kann nicht eine Brustflosse aus dem Wasser halten und gleichzeitig einen anderen Schwertwal piesacken.

VARIABLE VERSTÄRKUNG Ein Verhalten gelegentlich und ohne vorhersehbaren Plan zu verstärken. Wird angewandt, um bereits erlernte Verhaltensweisen zu speichern.

VERHALTENSANREICHERUNG Alles, was das Leben eines Tieres in Gefangenschaft bereichert, vom Spielzeug bis hin zum Spaziergang an der Leine.

VERHALTENSMUSTER Wenn etwas rein aus Gewohnheit getan wird.

VERSCHOBENE AGGRESSION Seine Wut an einem unbeteiligten Zuschauer oder Objekt auszulassen.

VORSTUFE Was ein Tier regelmäßig vor einem bestimmten Verhalten tut. Ein Kamel bläht die Nüstern, bevor es einen Wutanfall bekommt; das Nüsternblähen ist eine Vorstufe zum Ausrasten.

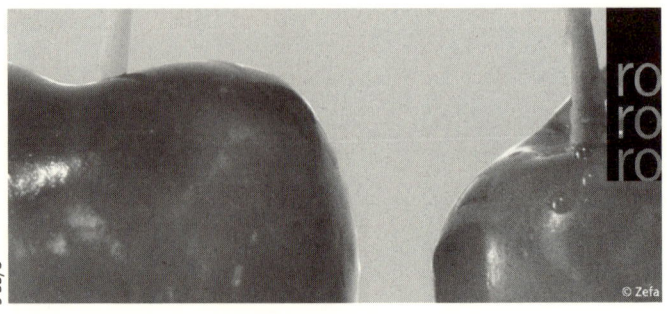

Liebe und Partnerschaft bei rororo

Warum wir aufeinander fliegen – und wie wir dabei Bruchlandungen vermeiden

Eric Berne
Spielarten und Spielregeln der Liebe
Psychologische Analyse der Partnerbeziehung
rororo 16848

M. Hassebrauck/B. Küpper
Warum wir aufeinander fliegen
Die Gesetze der Partnerwahl
rororo 61347

H.-W. Bierhoff/E. Rohmann
Was die Liebe stark macht
Die neue Psychologie der Paarbeziehung. rororo 61669

Robin Norwood
Wenn Frauen zu sehr lieben
Die heimliche Sucht, gebraucht zu werden. rororo 19100

Wolfgang Schmidbauer
Die Angst vor Nähe
rororo 60430

Die heimliche Liebe
Ausrutscher, Seitensprung, Doppelleben. rororo 61129

Peter Lauster
Die Liebe
Psychologie eines Phänomens
rororo 17677

Die Erotikformel
Leidenschaftlich leben in Liebesbeziehungen

rororo 62022

Weitere Informationen in der Rowohlt Revue *oder unter* www.rororo.de

Abenteuer Leben bei rororo

«Ich bin Mensch, ich habe gelitten, ich war dabei.»
Walt Whitman

Gundis Zámbó
Mein heimlicher Hunger
*Ich hatte Essstörungen
und bin geheilt.* rororo 62332

Ralph «Sonny» Barger
Hell's Angel
Mein Leben. rororo 61453

Marie Nejar
**Mach nicht so traurige Augen,
weil Du ein Negerlein bist**
Meine Jugend im Dritten Reich
rororo 62240

Iris Alanyali
Die Blaue Reise
*und andere Geschichten aus
meiner deutsch-türkischen Familie*
rororo 62134

Carola Stern
Doppelleben
Die bedeutende politische
Publizistin erzählt ihr Leben.
rororo 61364

Jana Hensel
Zonenkinder
rororo 23532

Amon Barth
Breit
Mein Leben als Kiffer
Eine Jugend im Dauerrausch: «Ich bereue nicht die Erfahrungen, die ich gemacht habe, sondern dass ich meine Jugend versäumt und viele Erfahrungen nicht gemacht habe.» (Amon Barth)

rororo 62046

Weitere Informationen in der Rowohlt Revue *oder unter* www.rororo.de

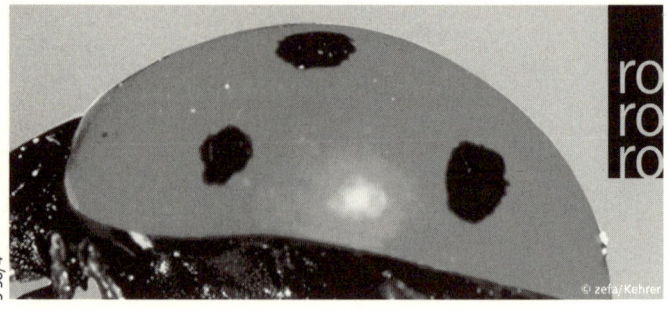

Sechs Richtige

Bestseller für ein glückliches Leben

Stefan Klein
Einfach glücklich
Die Glücksformel für jeden Tag
rororo 61677

Alexander von Schönburg
Der fröhliche Nichtraucher
Wie man sich gut gelaunt das Rauchen abgewöhnt
rororo 61660

Die Kunst des stilvollen Verarmens
Wie man ohne Geld reich wird
rororo 61668

Lexikon der überflüssigen Dinge
Wie man ohne Luxus glücklich wird
rororo 62126

Petra Gerster
Reifeprüfung
Die Frau von 50 Jahren
rororo 62062

Stefan Klein
Die Glücksformel
oder Wie die guten Gefühle entstehen
«Wenn Sie dieses Buch gelesen haben, wird es in Ihrem Kopf anders aussehen als vorher.»
(Der Spiegel)

rororo 61513

Weitere Informationen in der Rowohlt Revue *oder unter* www.rororo.de